DER DOM ZU
MAGDEBURG

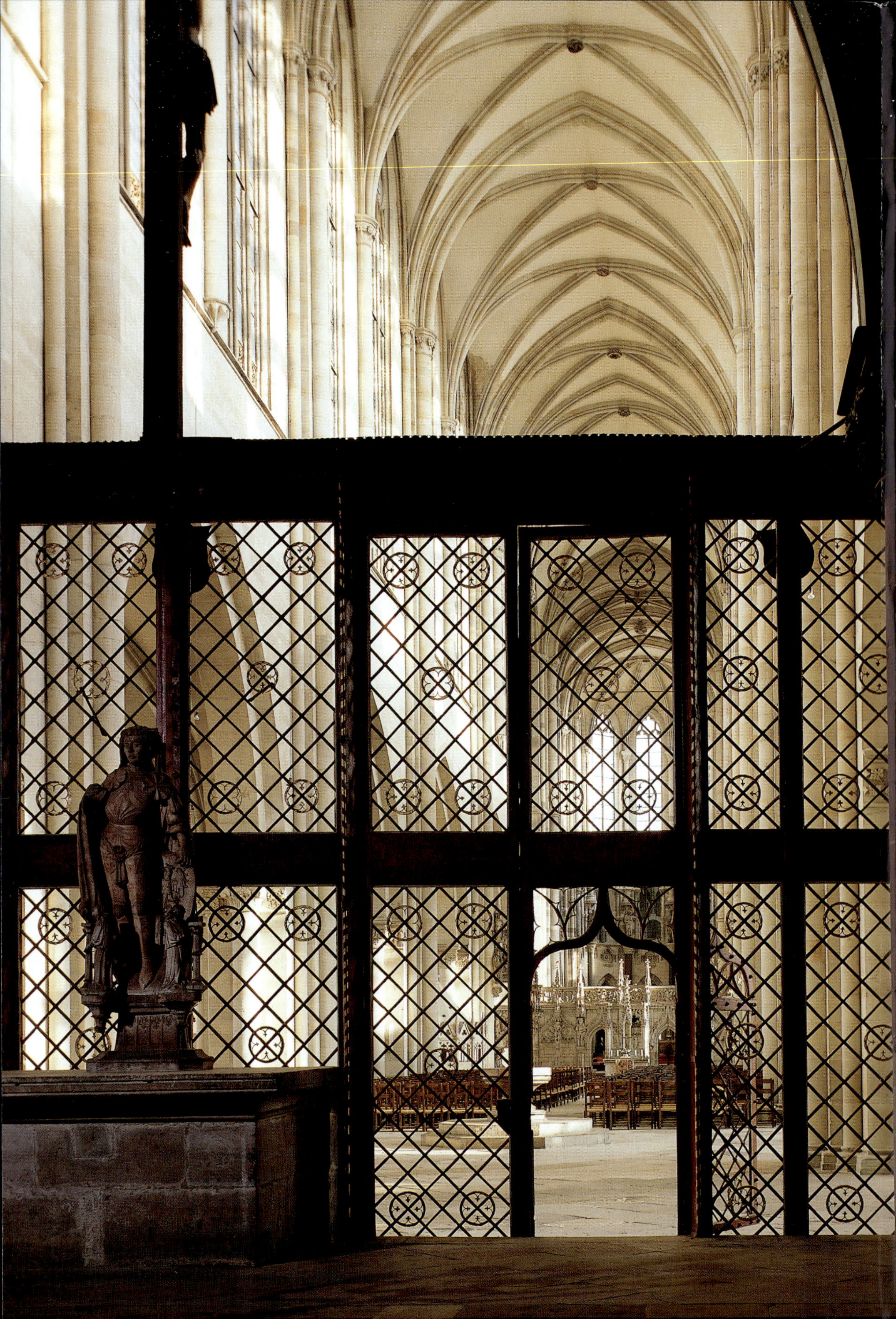

Giselher Quast
Jürgen Jerratsch

DER DOM ZU MAGDEBURG

Großer DKV-Kunstführer
mit Aufnahmen von Constantin Beyer

Deutscher Kunstverlag

Frontispiz:
Blick von der Turmhalle in das Langhaus

Sämtliche Aufnahmen Constantin Beyer, Weimar,
mit Ausnahme von
Seite 10:
Kunsthistorisches Museum, Schatzkammer, Wien
Seite 11:
The Metropolitan Museum of Art,
Bequest of George Blumenthal, New York
Seite 12:
Hirmer Verlag, München
Seite 15, 26:
Willi Kühne, Magdeburg
Seite 16, 34:
Industriefoto Dieck, Magdeburg
Seite 17, 85:
Evangelische Domgemeinde Magdeburg
Seite 18:
Fredi Fröschki, Magdeburg
Seite 21:
Jürgen Blume, Magdeburg
Seite 25, 27, 30, 55, 67:
Jutta Brüdern, Braunschweig

Verlag:
Deutscher Kunstverlag GmbH Berlin München
Lützowstraße 33 · 10785 Berlin
www.deutscherkunstverlag.de
Ein Unternehmen der Walter de Gruyter GmbH Berlin Boston
www.degruyter.com

Gestaltung, Satz und Layout: Edgar Endl, booklab, München

Reproduktionen: Lanarepro, Lana (Südtirol)

Druck und Bindung: Lanarepro, Lana (Südtirol)

Schrift: Utopia, Fago

Bibliografische Information der Deutschen Nationalbibliothek
Die Deutsche Nationalbibliothek verzeichnet diese Publikation
in der Deutschen Nationalbibliografie; detaillierte bibliografische
Daten sind im Internet über http://dnb.dnb.de abrufbar

4., aktualisierte Auflage
© 2023 Deutscher Kunstverlag GmbH Berlin München
ISBN 978-3-422-80084-7

INHALT

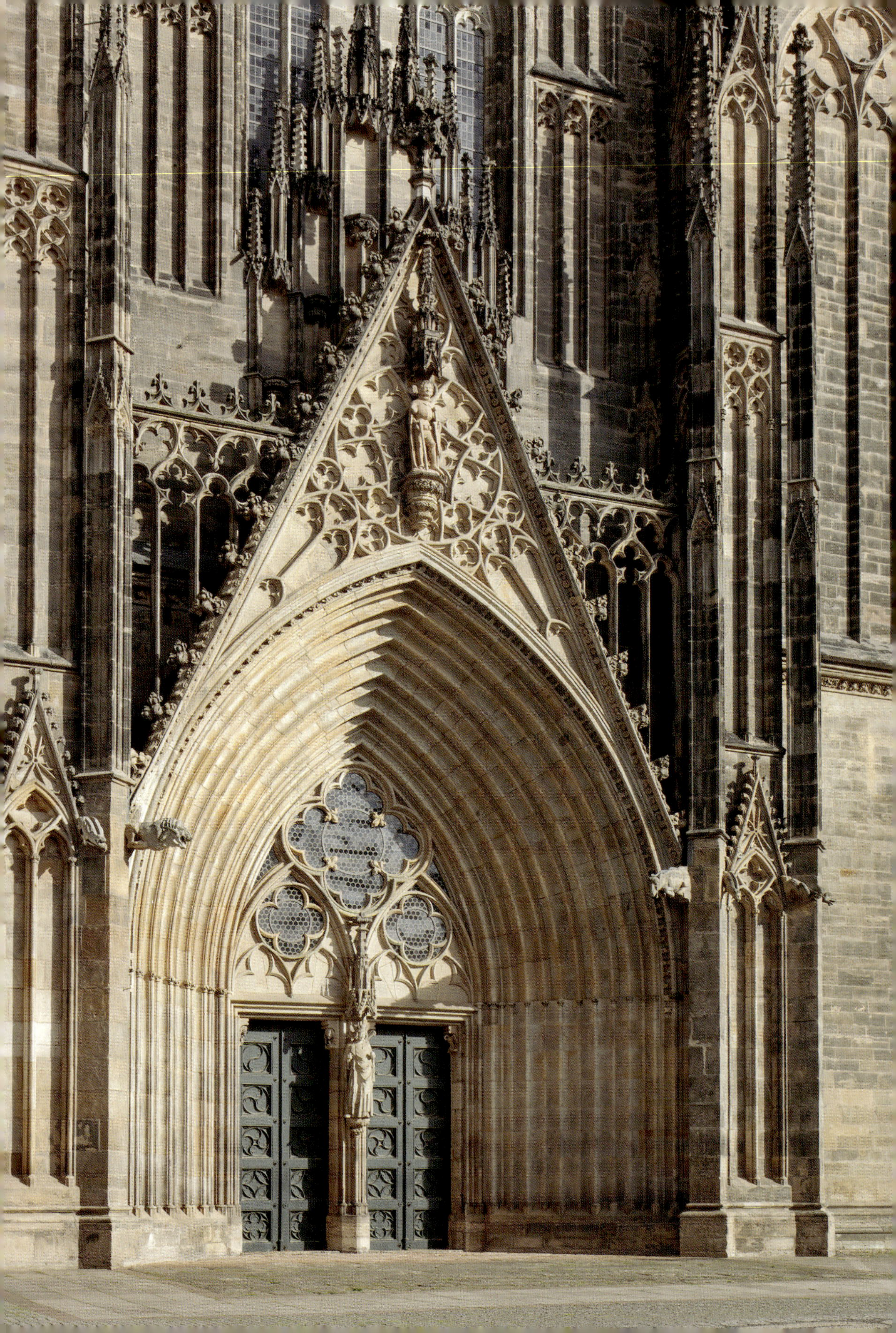

DIE KATHEDRALE – WEG DES GLAUBENS

Achthundert Jahre nach seiner Grundsteinlegung erhebt sich der Dom heute als Wahrzeichen Magdeburgs gewaltig über die Elbe und die Stadt, aus deren mittelalterlichem Gewirr von Häusern und Straßen er einmal aufstieg in eine Höhe, die Menschen schwindlig machte, mit einer Weite, die kein anderer deutscher Dom vermittelt. Sein Reichtum an Altären, Reliquien und Skulpturen sowie die Farbigkeit der Wände, Gewölberippen und Fenster ließen den Dom als Abglanz des himmlischen Jerusalem erscheinen. Reformation, Kriege und Restaurierungen haben dem Dom alles genommen, was er an bunter Mittelalterlichkeit besaß und ihm jene einsame Monumentalität gegeben, die er in seiner hellen Steinsichtigkeit bis heute besitzt. Unvergänglich ist sein Ruhm als Grabstätte Kaiser Ottos I., als erster gotischer Dom auf deutschem Boden und als größter Sakralbau im östlichen Deutschland.

Vom Westportal bis zum Schlussstein des Hohen Chores spiegelt der Dom den Weg des Glaubens wider, wie er in vielen Kirchen offenkundig ist, gleichsam eine Biographie des Christseins. Auch die kleinste Dorfkirche, deren Mittelgang auf den Altar im Osten zuführt, symbolisiert diesen Weg, auf den jeder gerufen ist, der Versöhnung und Erlösung sucht.

Das Westportal, das nur zur Feier der Heiligen Osternacht und zur Bischofseinführung geöffnet wird, verkörpert die Einladung Jesu Christi: »Ich bin die Tür; wenn jemand durch mich hineingeht, wird er selig werden.« (Joh. 10,9) Wie ein Trichter leitet das gewaltige Gewände den Besucher aus der lauten Stadt in die stille Weite einer anderen Welt. Die Schwelle eines Portals symbolisiert die Erde, der Bogen darüber den Himmel: Wer in den Dom hineingeht, verlässt den profanen Raum und betritt »heiliges Land« (2. Mose 3,5), begibt sich in die sakrale Welt des Glaubens, in das himmlische Jerusalem (Offb. 21).

Die Turmhalle wird durch ein großes Gitter vom Hauptraum des Domes abgetrennt. Gleichsam noch ahnend, nimmt man als Verheißung die andere Welt wahr, die lichte Höhe des Mittelschiffs, den großen Rhythmus der Arkaden und Pfeiler, die doppelte Schrittfolge der Obergadenfenster, das Aufsteigen der Blätterkapitelle und Gewölbe wie in einer Allee, die zu einem noch in der Ferne liegenden Ziel führt: »Sie haben das Verheißene von ferne gesehen

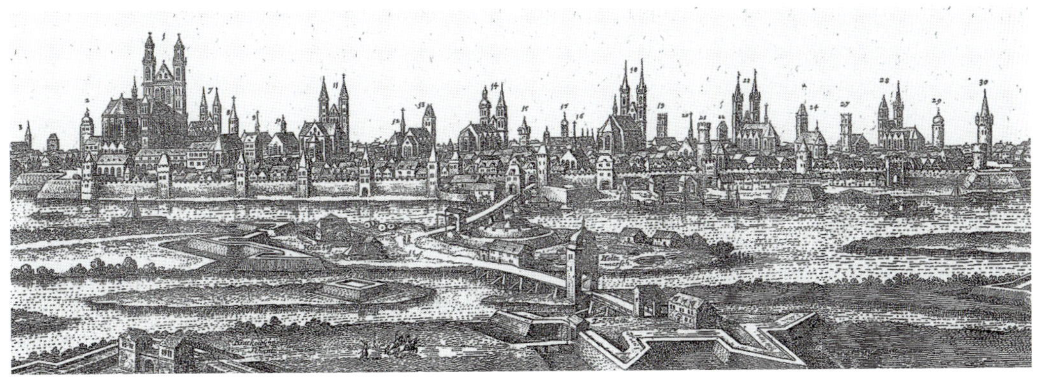

Ansicht von Magdeburg, Ausschnitt aus einem Stich von Matthäus Merian, 1653

Westportal, 1363 fertiggestellt. Am Mittelpfeiler steht die Figur Ottos des Großen, im Wimperg die des hl. Mauritius.

und gegrüßt und haben bekannt, dass sie Gäste und Fremdlinge auf Erden sind.« (Hebr. 11,13)

Im Innenraum des Domes sieht man im Mittelschiff sogleich den Taufstein, der den Eintritt in die Kirche und damit die Erinnerung an den Anfang des Christseins verkörpert (Taufgedächtnis): »Wer da glaubt und getauft wird, der wird selig werden.« (Mk. 16,16)

Das Hauptschiff des Domes mit den begleitenden Seitenschiffen, gleichsam Prozessionsstraße zum Hohen Chor und Versammlungsstätte der großen Gemeinde, führt den Weg des Christseins weiter: Wer getauft ist, geht seinen Weg nie allein: »So seid ihr nun nicht mehr Gäste und Fremdlinge, sondern Mitbürger der Heiligen und Gottes Hausgenossen, erbaut auf dem Grund der Apostel und Propheten …« (Eph. 2,19f.) Die zwölf Säulen von der Turmhalle bis zur Vierung symbolisieren altes und neues Gottesvolk – die zwölf Stämme Israels und die zwölf Apostel, auf denen die Überlieferung beruht: »Und die Mauer der Stadt hatte zwölf Grundsteine und auf ihnen die zwölf Namen der Apostel des Lammes.« (Offb. 21,14)

Die Kanzel an der Stelle eines hölzernen Predigtstuhls aus vorreformatorischer Zeit weist auf das Wort Gottes als Richtschnur und Wegweisung des Christseins: »Dein Wort ist meines Fußes Leuchte und ein Licht auf meinem Wege.« (Ps. 119,105) »So kommt der Glaube aus der Predigt, das Predigen aber durch das Wort Christi.« (Röm. 10,7)

Der Lettner trennte im Mittelalter den Raum der Gemeinde von dem der Kleriker: Nur der Erzbischof und die Mitglieder des Domkapitels hatten Zutritt zum Hohen Chor. Der Lettner aber trägt auf seiner Schauseite zur Gemeinde – ähnlich einer Ikonostase in orthodoxen Kirchen – die Bilder von Heiligen, als Vor-Bilder des Glaubens. Das Leben und Tun der Heiligen waren damals so geläufig, wie uns heute die zeitgenössischen Glaubensbilder auf unserem Weg: »Gedenkt an eure Lehrer, die euch das Wort Gottes gesagt haben; ihr Ende schaut an und folgt ihrem Glauben nach.« (Hebr. 13,7)

Der Hohe Chor ist das Sanktuarium, das Allerheiligste jeder Kathedrale. Sieben Stufen führen bis zum Hochaltar hinauf, auf den der Weg der Kathedrale zuführt und den der Chorumgang umfängt: Hier ist der Ort des Abendmahls, der Eucharistie, die dem Gläubigen als Ziel seines Weges Versöhnung und Erlösung in den einfachen Zeichen von Freundschaft (gemeinsamer Kelch) und miteinander Teilen (gebrochenes Brot) schenkt: »Sooft ihr von diesem Brot esst und aus dem Kelch trinkt, verkündigt ihr den Tod des Herrn, bis er kommt.« (1. Kor. 11,26) Die Märtyrer in der Höhe des Bischofsganges verweisen auf das Ziel des Versöhnungsweges: »Weil wir eine solche Wolke von Zeugen um uns haben, lasst uns laufen mit Geduld in dem Kampf, der uns bestimmt ist, und aufsehen zu Jesus, dem Anfänger und Vollender des Glaubens.« (Hebr. 12,1.2) Die symbolischen Zeichen A und Ω sind nicht nur vor dem Hochaltar auf der Osterkerze zu sehen, sondern auch hoch oben im Schlussstein eingemeißelt: »Da Jesus Christus der Eckstein ist, auf welchem der ganze Bau ineinander gefügt wächst zu einem heiligen Tempel im Herrn.« (Eph. 2,20.21) Auf dem Stein hält Christus das aufgeschlagene Buch des Lebens, in dem die Namen derer stehen werden, die zu Christus gehören – das Ziel der Erlösung: »Und ein andres Buch wurde aufgetan, welches ist das Buch des Lebens. Und die Toten wurden gerichtet nach dem, was in den Büchern geschrieben steht, nach ihren Werken. Und sie werden sein Volk sein, und er selbst, Gott mit ihnen, wird ihr Gott sein.« (Offb. 20,12; 21,3)

So ist der ganze Dom Stein für Stein, Station für Station Abbild und Predigt eines himmlischen Weges, der sich im irdischen Weg des Glaubens vollzieht.

Kanzel von Christoph Kapup, 1595–1597

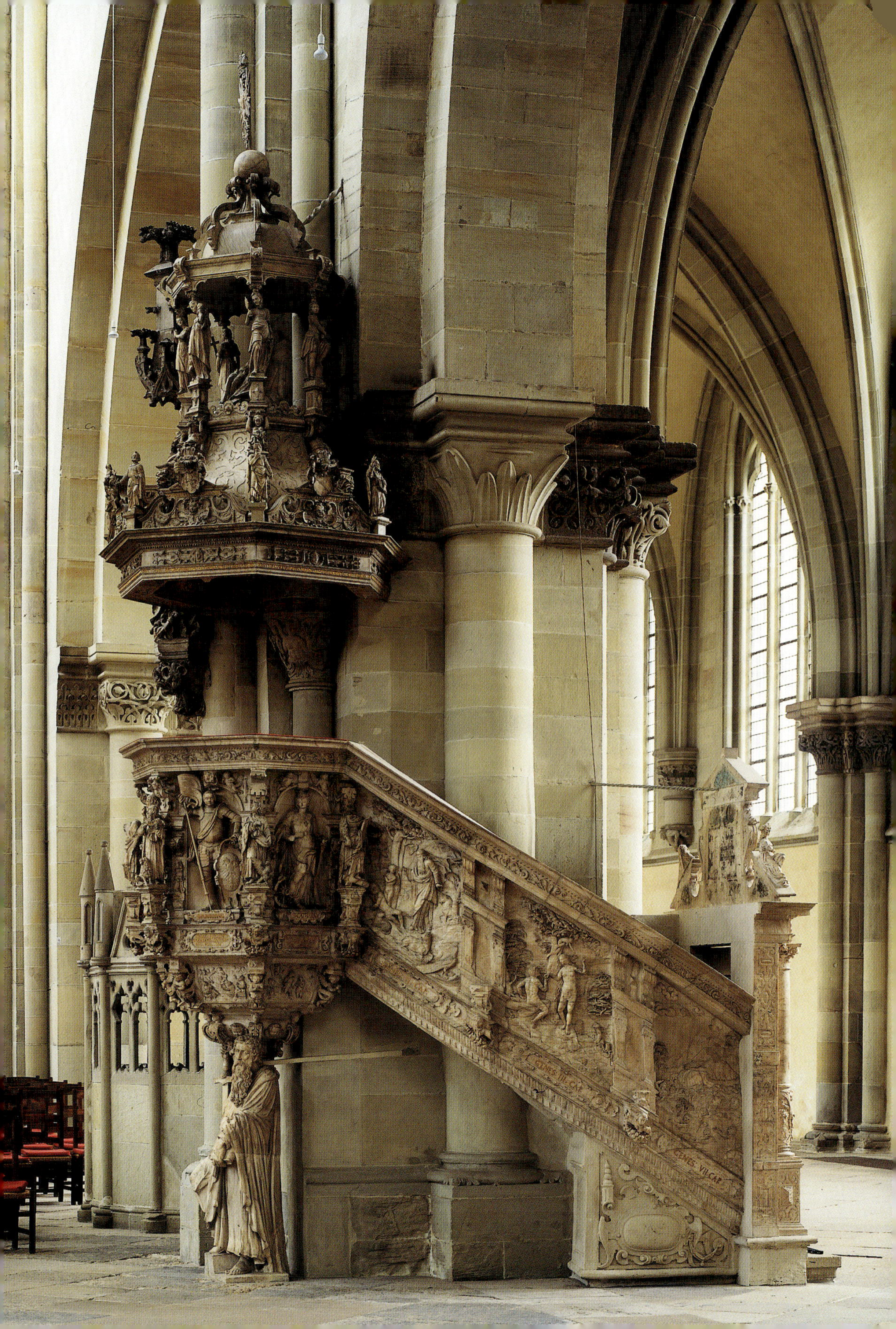

805

»magadoburg« wird zum ersten Mal im Diedenhofer Kapitular Karls des Großen als fränkisches Grenzhandelskastell zu den Slawenvölkern erwähnt. Es lag oberhalb der Elbfurt auf einem Felsen im Bereich des heutigen Domplatzes und wurde später Königshof.

912

Geburt Ottos I., des Großen, des späteren Königs und Kaisers, als Sohn des Sachsenherzogs Heinrich I. und Mathildes. Im späteren Königshaus seines Vaters erfährt Otto die Verehrung des Märtyrers Mauritius.

930

Otto I. heiratet im Alter von 17 Jahren die angelsächsische Prinzessin Edgith (Editha) und schenkt ihr Magdeburg als Morgengabe. Der Königshof wird zur Pfalz ausgebaut. Dem Thronfolgerpaar werden die Kinder Liudolf und Liutgard geboren. 936 wird Otto I. in Aachen, dem Krönungsort Karls des Großen, zum König gekrönt.

937

Otto I. stiftet am Ort des heutigen Domes ein Benediktinerkloster zu Ehren des hl. Mauritius und seiner Gefährten, das er reich ausstattet. Die Verbindung der Klostergründung mit einem Reichstag und die Anwesenheit der höchsten Kleriker des Reiches ist ohne Parallele und deutet auf weitreichende Pläne Ottos hin. Die Klosterschule besitzt für das Reich eine hervorragende Bedeutung. 946 stirbt Königin Editha und wird in der Krypta der Klosterkirche beigesetzt. Otto I. heiratet 951 Adelheid, die burgundische Königstochter und Witwe König Lothars, und erringt damit den Anspruch auf Burgund und Italien. Dieser zweiten Ehe entstammen die Kinder Mathilde und der Thronfolger Otto II.

955

Otto I. baut nach dem Sieg über die Ungarn auf dem Lechfeld (den er mit Hilfe der Mauritiuslanze errungen hatte) getreu einem Versprechen die Klosterkirche zur Basilika für das künftige Erzbistum Magdeburg und zur Grabeskirche des Königshauses um.

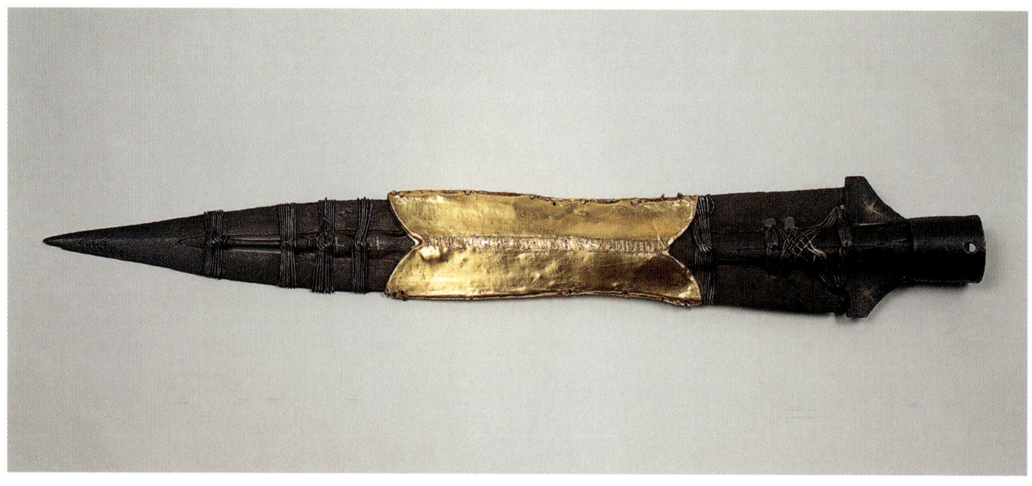

Heilige Lanze, 9. Jahrhundert, Kunsthistorisches Museum Wien, Schatzkammer (Kopie im Hohen Chor)

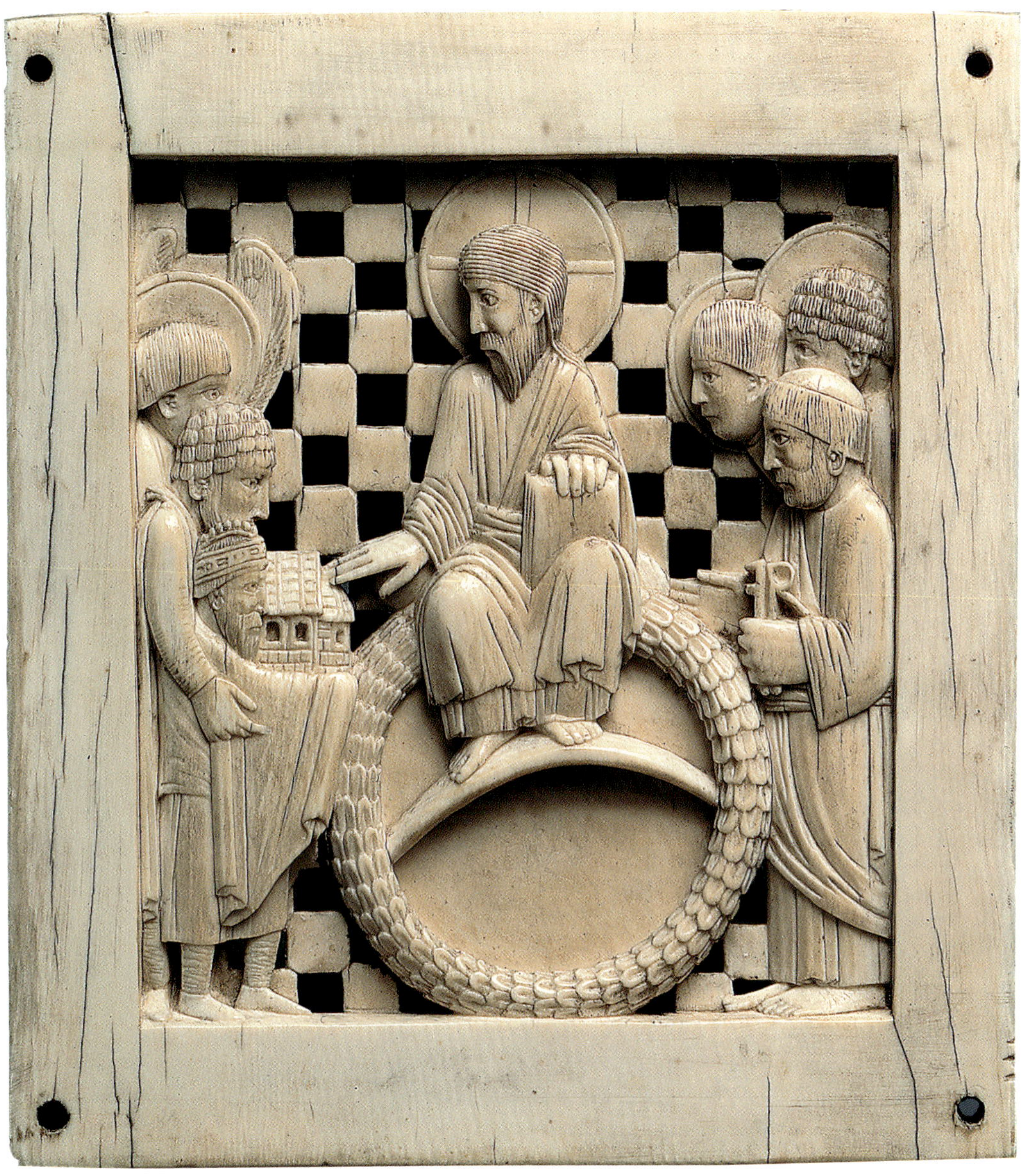

Maiestas Domini, Mailand um 970, Metropolitan Museum New York. Christus thront auf der Sphaira und schaut auf Kaiser Otto I., der ihm – präsentiert von einem Heiligen (Mauritius?) – das Modell des Magdeburger Domes darreicht. Rechts steht der hl. Petrus.

Otto stattet diesen ersten Dom, entsprechend seinem Vorbild, der Pfalzkapelle Karls des Großen in Aachen, mit antiken Spolien aus Oberitalien aus (Bedeutungsübertragung des römischen Kaisergedankens). Das damals größte Sakralbauwerk Deutschlands wurde als »mira magnitudinis«, als allergrößtes Wunder bestaunt. Der ottonische Dom war eine kreuzförmige, viertürmige Basilika von beeindruckenden Ausmaßen mit Krypta, Atrium und Kreuzgang, die später mehrfach erweitert wurde.

962

Kaiserkrönung Ottos I., des Großen, in der Mauritiuskapelle des Petersdomes in Rom unter Verwendung der Mauritiussporen und der hl. Lanze, die sich heute zusammen mit seiner Kaiserkrone im Kronschatz in Wien befindet. Otto begründet das später sogenannte »Heilige Römische Reich Deutscher Nation«, das von der Elbe bis nach Italien und Burgund reicht und dessen politisches Zentrum und wichtigste Pfalz, Magdeburg, als »sächsisches Aachen« und »drittes Rom« gerühmt wird.

968

Erhebung Magdeburgs zum ranghöchsten deutschen Erzbistum neben Köln, Mainz und Trier durch Otto I. Erster Erzbischof wird Ottos Freund und Berater Adalbert I. von Trier; das Kapitel der Domherren wird angeblich dem Kardinalskollegium von Rom gleichgestellt. Den Benediktinermönchen des Mauritiusklosters wird das Kloster Berge südlich der Domburg errichtet. Unterstellt werden dem Erzbistum die Bistümer Merseburg, Meißen, Zeitz, Havelberg und Brandenburg. Von der Domschule gehen bedeutende Männer in Politik und Kirche.

973

Otto I. stirbt beim Abendgebet in der Pfalzkapelle von Memleben und wird, seinem Wunsch gemäß, an der Seite Edithas im Magdeburger Dom beigesetzt. Nachfolger wird sein Sohn Otto II., der vom Vater mit der hochgebildeten byzantinischen Prinzessin Theophanu verheiratet wurde. Er muss seinen politischen Handlungsschwerpunkt nach Italien verlagern und wird nach seinem Tod 983 im Petersdom beigesetzt. Magdeburg verliert damit an politischer, aber nicht an kirchlicher Bedeutung.

983

Im Slawenaufstand während der Amtszeit des Erzbischofs Giselher gehen die Bistümer Havelberg und Brandenburg für das Erzstift

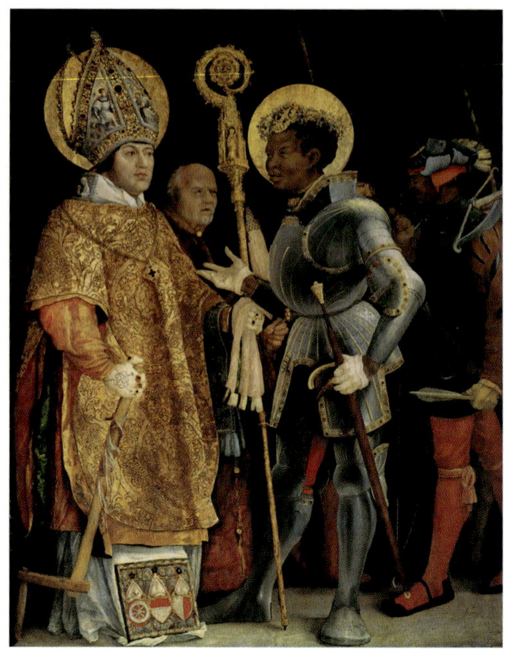

Matthias Grünewald, Der Empfang des hl. Erasmus durch den hl. Mauritius, um 1517, Alte Pinakothek München

für 150 Jahre verloren. Die Ostexpansions- und Missionspläne seit Otto dem Großen scheitern.

1126

Der hl. Norbert von Xanten, Gründer des Prämonstratenserordens, wird Erzbischof von Magdeburg. Er übergibt im Zuge der Slawenmissionierung das Kloster Unser Lieben Frauen an Mönche seines Ordens und bringt das Erzbistum zu neuer Blüte.

1188

Erzbischof Wichmann von Seeburg erneuert das »Magdeburger Recht«, das als fortschrittliches Stadtrecht Bürgertum und Handel begünstigte und von mehreren hundert Städten von Niedersachsen bis nach Kiew übernommen oder nachgebildet wurde. Der Magdeburger Schöffenstuhl wurde von allen Städten des Magdeburger Rechts als Entscheidungsinstanz angerufen.

1207

Der Dom brennt bei einem Stadtbrand am Karfreitag nieder. Obwohl seine Mauern noch stehen und er wieder aufgebaut werden könnte, beschließt Erzbischof Albrecht II. von Käfernburg, der den Bau von Notre Dame in Paris gesehen hatte, einen Neubau im gotischen Stil.

Baubeginn des heutigen Domes über französisch-gotischem Grundriss als kreuzförmige, viertürmige Basilika mit 5/10-Polygon als Chorabschluss, umgeben von einem Chorumgang mit Kapellenkranz und einer Doppelturmanlage im Westen. In der ersten Bauphase bis 1220 werden auf dem gotischen Grundriss in noch spätromanischen Formen die gewaltigen Bündelpfeiler und die Kapitellfriese geschaffen.

1220

Erzbischof Albrecht II. bringt die Hirnschale des hl. Mauritius und einen Fingerknochen der hl. Katharina als wichtigste Reliquien nach Magdeburg und befördert damit den Weiterbau des Domes. Die hl. Katharina wird im späten Mittelalter zeitweilig die wichtigste Heilige nach Mauritius und Konpatronin des Domes. In der zweiten Bauphase werden der Langchor verbreitert und nach Westen erweitert, das Querschiff mit dem Südportal nach dem Vorbild des Naumburger Domes angelegt, eine Triforienzone begonnen und das Langhaus im doppelten Arkadenschritt angelegt. Gleichzeitig werden die heute im Hohen Chor befindlichen Säulenheiligen, Archivoltenengel und weitere Figurenzyklen für ein künftiges Westportal geschaffen.

1232

Mit dem Bau der Chorempore (Bischofsgang) beginnt der dritte Bauabschnitt, in dem eine Zisterzienserbauhütte, die auch in Maulbronn und Walkenried gewirkt hat, erstmalig eine konsequent gotische Raumauffassung durchsetzt. Aus dem ottonischen Vorgängerbau übernimmt die Hütte die antiken Spolien und fügt sie zusammen mit den Figuren des geplanten Westportals in die Chorempore ein. Mit der Translation des Kaisergrabes in den Hohen Chor und der Wiederverwendung der antiken Spolien wird der Dom nach dem Vorbild französischer Königskirchen zur neuen Reichskathedrale erhoben. Der Chor wird bis etwa 1260 in den Formen der Frühgotik vollendet und gewölbt. Der massive Unterbau aus spätromanischer Zeit macht ein Strebewerk überflüssig.

1240

Im vierten Baubabschnitt werden das Querhaus aufgeführt und das Langschiff begonnen. Dabei erfährt das Querschiff eine weitere Erhöhung (was im Außenbereich durch eine Ziergalerie kaschiert wird), die Triforien werden aufgegeben, die schon gesetzten Zwischenpfeiler des Langhauses abgebrochen und die jetzige Arkadenweite festgelegt. Die Seitenschiffe erreichen annähernd die Breite des Mittelschiffes. Einziger überlieferter Baumeister ist ein Meister namens Bonensack. Um 1270 wird mit dem Bau der Westtürme begonnen. Der Bau der Osttürme wird als nicht mehr zeitgemäß eingestellt.

1311

Weihe des Katharinenaltars in der Mitte des Langschiffes nach der Fertigstellung von drei Jochen in der Formensprache der Hochgotik. Das Langhaus wird provisorisch abgeschlossen.

1325

Magdeburger Bürger ermorden den Erzbischof Burchard III. von Schraplau. Zur Lösung des päpstlichen Bannes muss die Bürgerschaft fünf Sühnealtäre im Dom errichten, von denen der Elisabethaltar erhalten ist. Aufhebung des Bannes unter Erzbischof Otto von Hessen, der das Langhaus vollenden lässt (sein Schlussstein befindet sich im letzten Joch) und die Westfassade bis zum dritten Geschoss weiterführt.

1363

Feierliche Weihe des Domes unter Erzbischof Dietrich Kagelwit nach Fertigstellung des Langhauses. Das Westportal mit seinem Schleiermaßwerk nach Vorbild des Straßburger Münsters wird vorgeblendet. Der Chor erhält den Hochaltar aus böhmischem Marmor (Knotenkalk) und das eichene Chorgestühl.

1477

Nach langer Bauunterbrechung wird der letzte Bauabschnitt begonnen und der spätgotische Dekor des Turmzwischenbaues sowie die Turmabschlüsse mit den freistehenden Oktogonen und gedrungenen, mit Krabben besetzten Helmen geschaffen. Die Turmhalle wird unter Erzbischof Ernst von Sachsen als seine Grabkapelle eingerichtet und der Haupteingang mit den Standbildern der Dompatrone in das nördliche Seitenschiff verlagert.

1517

Erzbischof Albrecht von Brandenburg, zugleich Kurfürst von Mainz, löst mit seinem auch im Erzbistum Magdeburg gewährten Ablasshandel zur Unterstützung des Baues des Petersdomes in Rom und zur Deckung seiner Wahlkosten durch einen Fugger-Kredit die Reformation aus. Albrecht verlegt die Residenz des Erzbistums von Magdeburg in die Moritzburg nach Halle. Magdeburg wird in den Folgejahren Hochburg des Protestantismus und erhält den Ehrennamen »Unsers Herrgotts Kanzlei«.

1520

Vollendung des Dombaues nach 311 Jahren Gesamtbauzeit.

1567

Übertritt des verbliebenen Domkapitels zum evangelischen Glauben nach 20-jähriger Schließung des Domes durch den Rat der Stadt. Erzbischof Sigismund von Brandenburg erhält nicht mehr die päpstliche Bestätigung und wird als Landesherr evan-

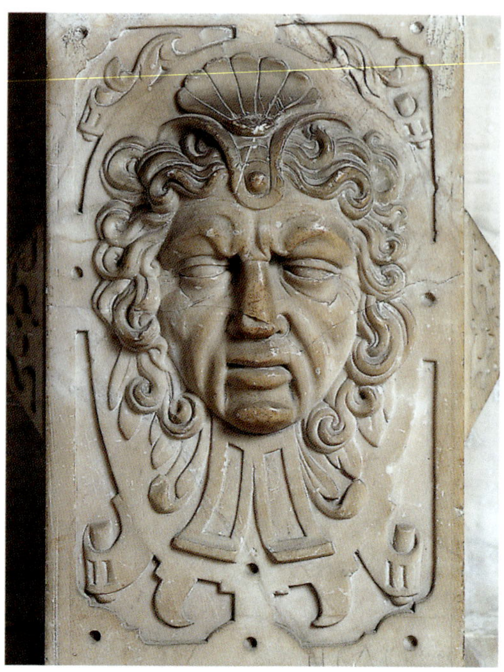

Totenmaske des Dompredigers Siegfried Sack an der Kanzel

gelischer Administrator. Erste evangelische Predigt und Feier des Hl. Abendmahls nach evangelischem Ritus durch Domprediger Dr. Siegfried Sack.

1631

Vollständige Zerstörung Magdeburgs durch die Truppen General Tillys im Dreißigjährigen Krieg. Die letzten 4000 Magdeburger überleben im Dom durch den Kniefall des Dompredigers Dr. Reinhard Bake vor dem Eroberer.

1680

Das Erzbistum Magdeburg wird erbliches Herzogtum des Kurhauses Brandenburg und hört 1807 mit der Eingliederung in Napoleons Königreich Westphalen endgültig auf zu existieren.

1714

Verlegung der Königlichen Regierung und des Königlichen Konsistoriums von Halle nach Magdeburg. Das Domkapitel wird mit

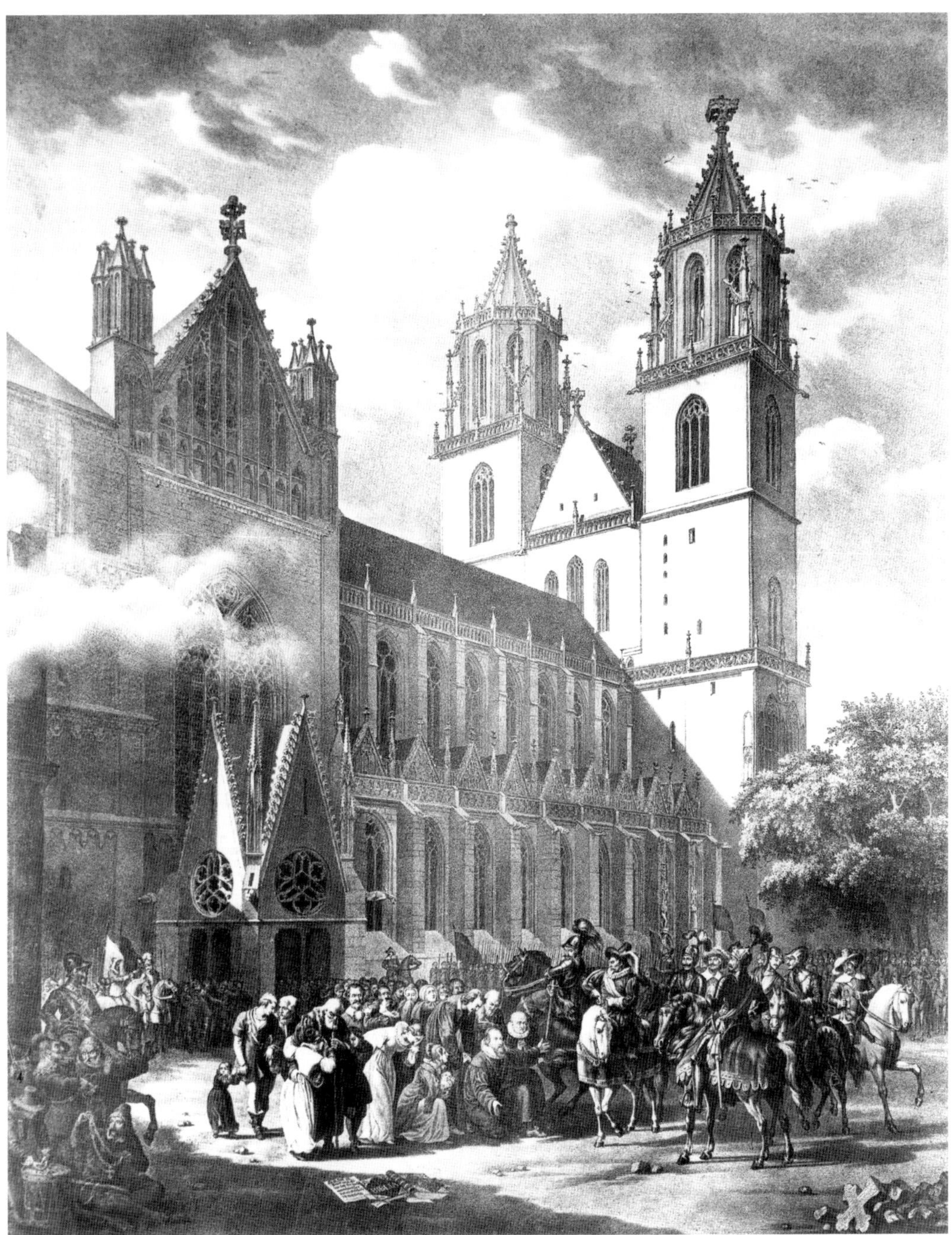

Kniefall Domprediger Dr. Reinhard Bakes vor General Tilly, Stahlstich 19. Jahrhundert, Kupferstichkabinett Berlin

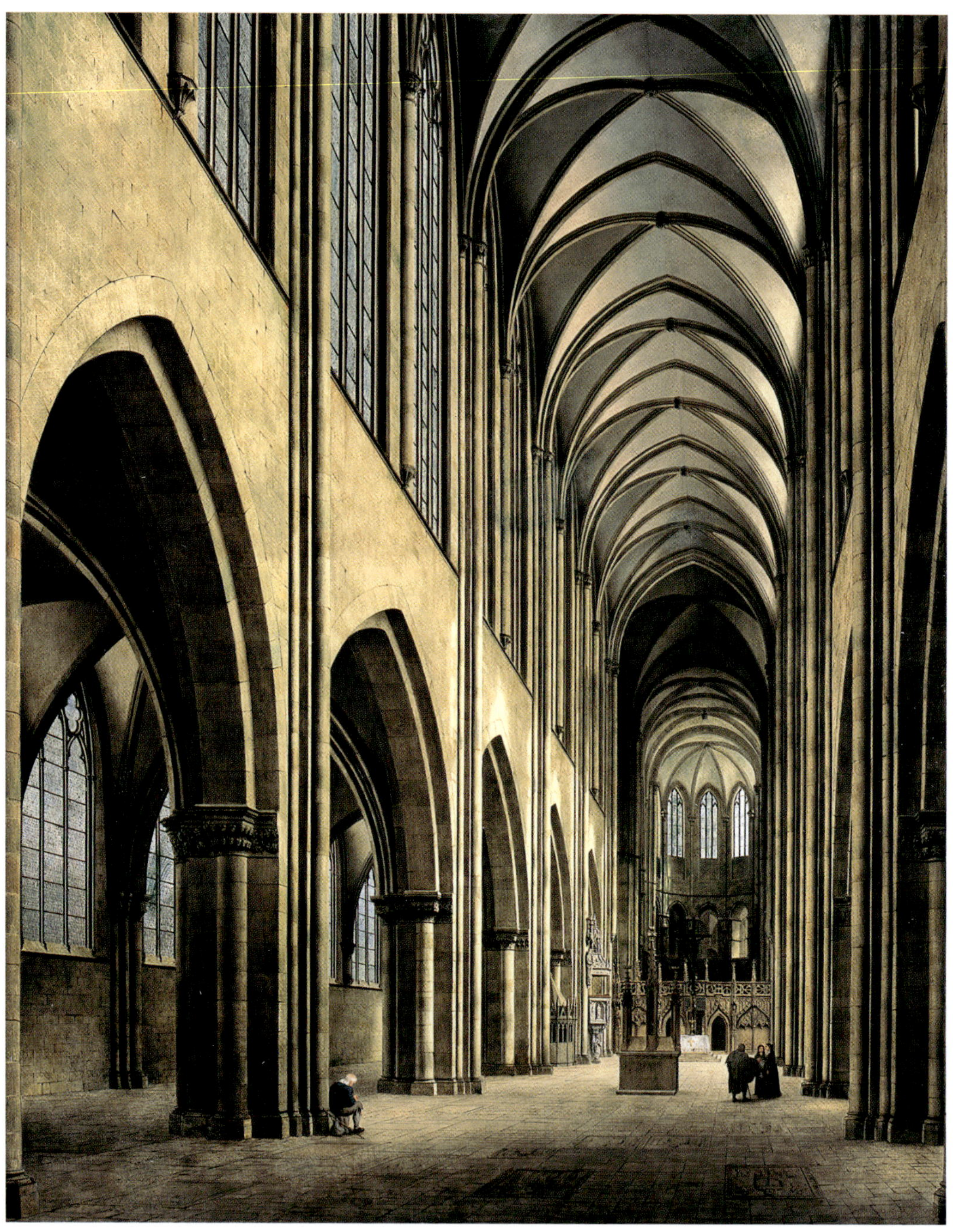

Carl Georg Adolf Hasenpflug, Dominneres, Öl auf Leinwand, 1829, Magdeburg, Evangelisches Landeskirchenamt

seinem Grundbesitz immer mehr zur Versorgungseinrichtung des Adels des Herzogtums Brandenburg und der späteren preußischen Provinz Sachsen. Das Konsistorium hält 1881 nach dem Neubau des Domgymnasiums Einzug in die neu errichteten Bauten am Süd- und Ostflügel des Kreuzganges.

1810

Auflösung des Domkapitels und Einziehung seines Besitzes unter Napoleon. Entweihung des Domes als französisches Warenlager und Viehstall. Um die im Amt verbleibenden Domprediger sammelt sich im Hohen Chor eine kleine Personalgemeinde neben den sechs Hauptkirchen der Bürgerstadt. Nach der Befreiung 1814 wird der Dom preußische Patronats- und Garnisonskirche. Der Staat trägt die Kosten der Erhaltung und des Kultus, die Kirche hat das Nutzungsrecht. Der Erste Domprediger ist seit 1812 Generalsuperintendent und seit 1826 evangelischer Bischof.

1825

Beginn der umfassenden Wiederherstellung des Domes bis 1834 durch Kabinettsorder und eine Privatstiftung des preußischen Königs Friedrich Wilhelm III. unter maßgeblicher Beteiligung des Architekten und Denkmalpflegers Karl Friedrich Schinkel. Die Bauausführung der Wiederherstellungen und teilweisen Veränderungen liegt in den Händen der Bauräte Clemens, Mellin und Rosenthal.

1873

Erweiterung und Anwachsen der Domgemeinde durch die Schleifung der Festungswälle und die Stadterweiterung nach Westen und Süden. Die Domgemeinde wird neben den Hauptkirchen zur großen Innenstadtgemeinde mit bis zu 20 000 Gemeindegliedern und vier Pfarrstellen.

1945

Im Zweiten Weltkrieg Beschädigungen des Domes bei den angloamerikanischen Luft-

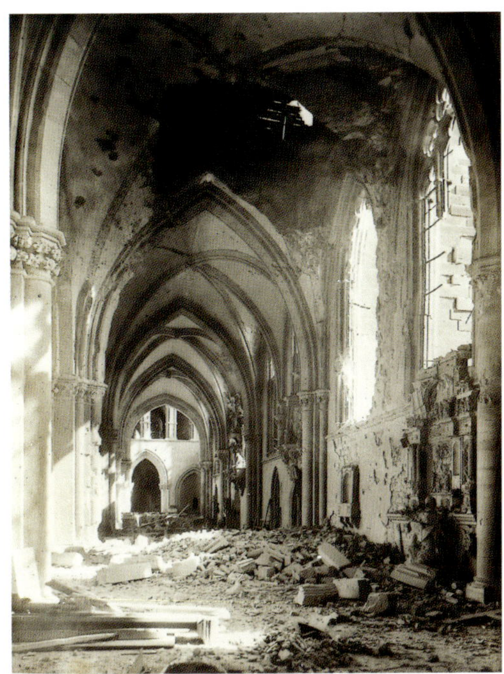

Kriegsschäden am Dom, Aufnahme 1945

angriffen auf Magdeburg in der Westfassade und den Seitenschiffen. Der Wiederaufbau wird 1955 abgeschlossen. 1983 beginnt die zweite umfassende Restaurierung des Domes, die bis heute andauert.

1989

Der Dom ist Zentrum der Montagsgebete für gesellschaftliche Erneuerung mit bis zu 10 000 Teilnehmern und ein Ausgangspunkt der Demonstrationen für eine friedliche Wende. Nach der deutschen Wiedervereinigung wird der Dom 1994 Eigentum des Landes Sachsen-Anhalt und von dessen Domstiftung baulich unterhalten. Das Nutzungsrecht liegt weiterhin bei der Evangelischen Domgemeinde.

2006

Bis Ende 2010 andauernde archäologische Ausgrabungen in ausgesuchten Schnitten im und am Dom als Fortsetzung der Gra-

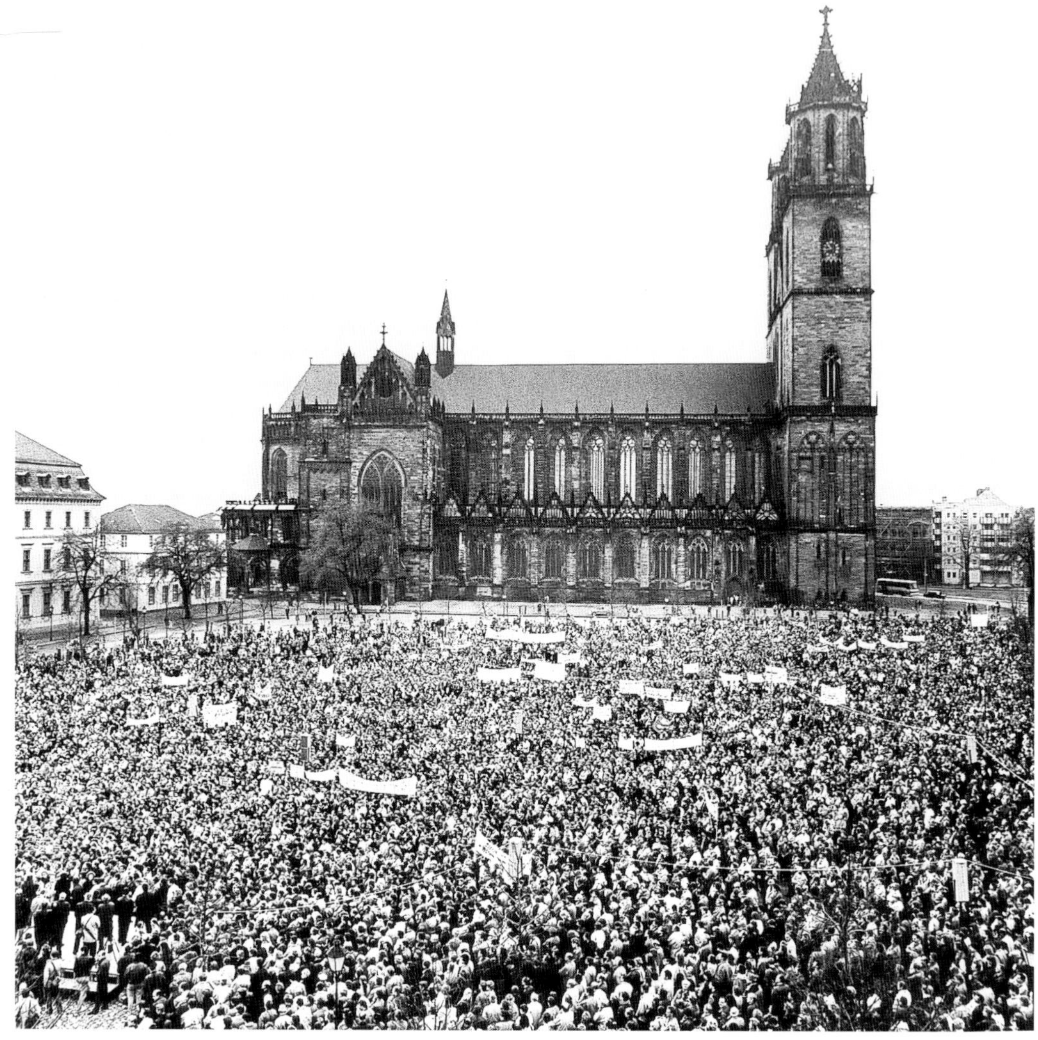

1989 versammelten sich Tausende zu den Montagsdemonstrationen auf dem Domplatz.

bungen auf dem Domplatz, die einen ottonischen Kirchenbau aufdeckten. Die Auswertung der zahlreichen z.T. spektakulären Funde dauert gegenwärtig noch an.

2022

Dier Dom ist Bischofskirche der Evangelischen Kirche in Mitteldeutschland und die Zentrumskirche des Kirchenkreises Magdeburg. Die Evangelische Domgemeinde hat ca. 1.400 Mitglieder, die vor allem die Gottesdienstkultur, die Kirchenmusik (Magdeburger Domchor, Orgeln und Dombläser) sowie die Tourismusarbeit fördern.

Blick vom oberen Chorumgang nach Westen

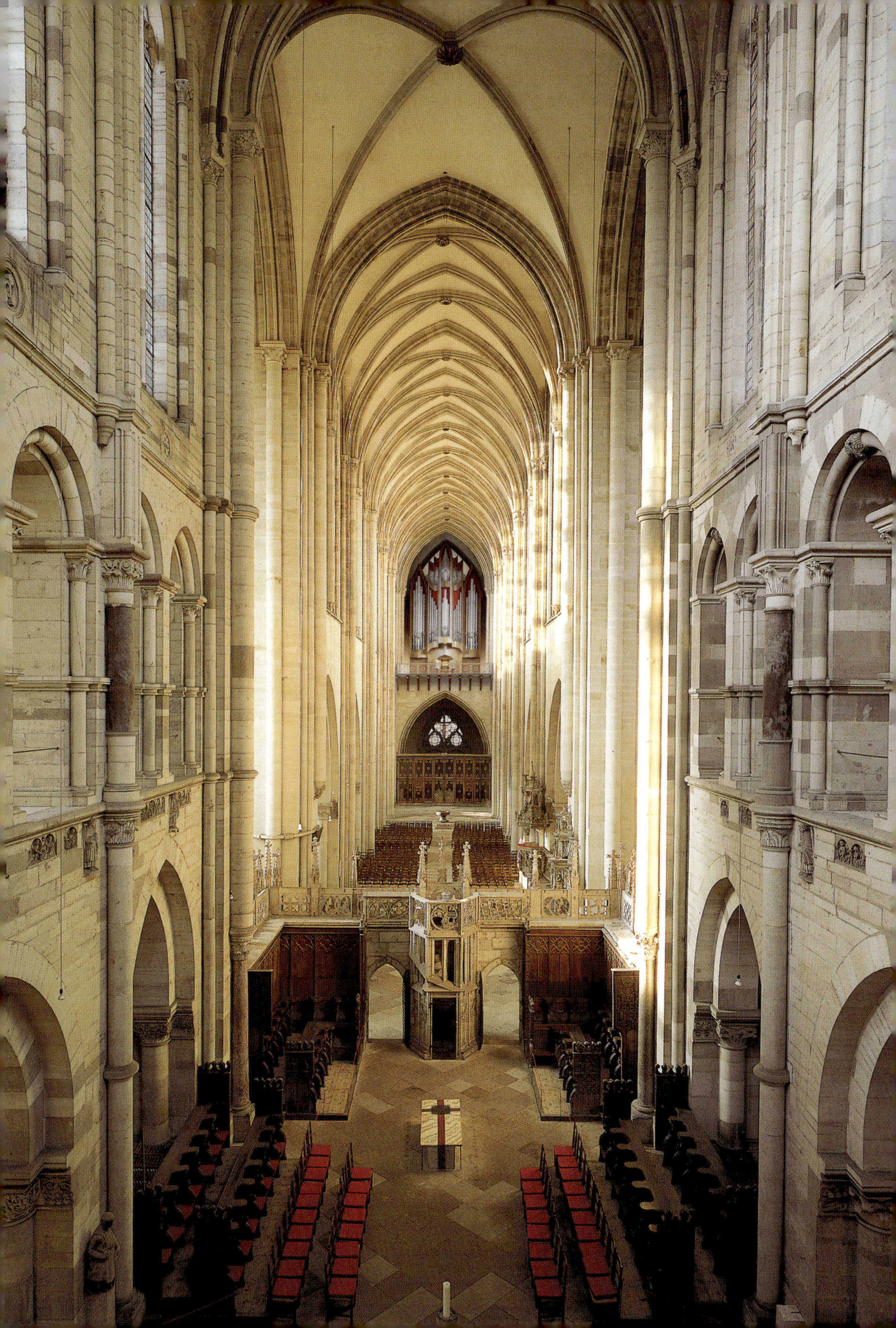

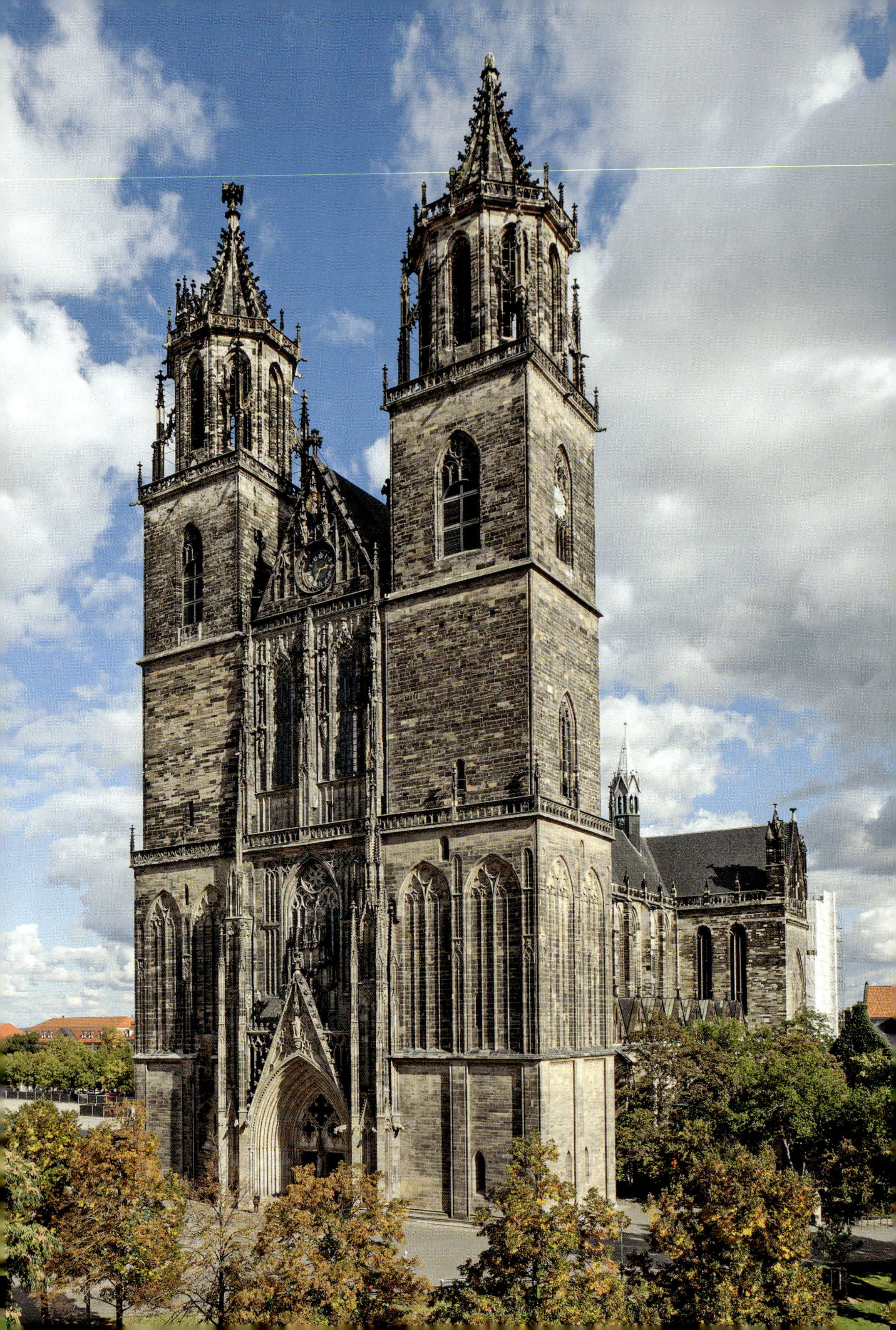

Der Dom mit seiner mächtigen, 101 m aufragenden Doppelturmfassade bestimmt nicht nur das Stadtbild als Wahrzeichen Magdeburgs, sondern grüßt weit über Elbe und Börde in die Landschaft hinein. Besonders die Westfassade und die Nordseite, die der alten Bürgerstadt zugewandt waren, sind monumentaler Ausdruck des christlichen Glaubens und des erzbischöflichen Machtanspruchs. Die Südseite, unmittelbar an der Stadtmauer gelegen und nur von der Klausur der Domherren aus sichtbar, ist teilweise viel zurückhaltender gestaltet.

Die Westfassade

Den Rundgang beginnt man am besten am WESTBAU [A], wo im Pflaster eine Nachbildung des Labyrinths aus Chartres an die französischen Einflüsse des ersten gotischen Doms auf deutschem Boden erinnert. Die 42,50 m breite Westfassade wurde ab etwa 1260 errichtet. Die Fundamente in 6–7 m Tiefe und die Stärke der Grundmauern von über 4 m lassen von Anfang an auf eine gewaltige Anlage schließen. Das Untergeschoss zeigt in den glatten Flächen mit breiter Lisenengliederung noch romanische Nachklänge. Ein kräftiges Gesims mit einem möglicherweise erst später eingefügten spätgotischen Blätterfries schließt dieses Geschoss ab.

Das WESTPORTAL [1] wurde erst ab 1310 zwischen zwei gewaltigen Strebepfeilern der Wand vorgelegt und ist bis zur Weihe des Domes 1363 fertig gestellt worden. Mit seinem Schleiermaßwerk über dem steilen Wimperg zeigt es Straßburger Einfluss. Die im Zweiten Weltkrieg beschädigten Wasserspeier am nördlichen Gewände wurden 2013 durch moderne Fabelwesen ersetzt. Am Mittelpfeiler des Portals steht die Figur Kaiser Ottos des Großen, des Domstifters, mit Krone, Zepter und Reichsapfel. Die angesetzten Hände und die Überarbeitung der Oberfläche lassen vermuten, dass hier eine

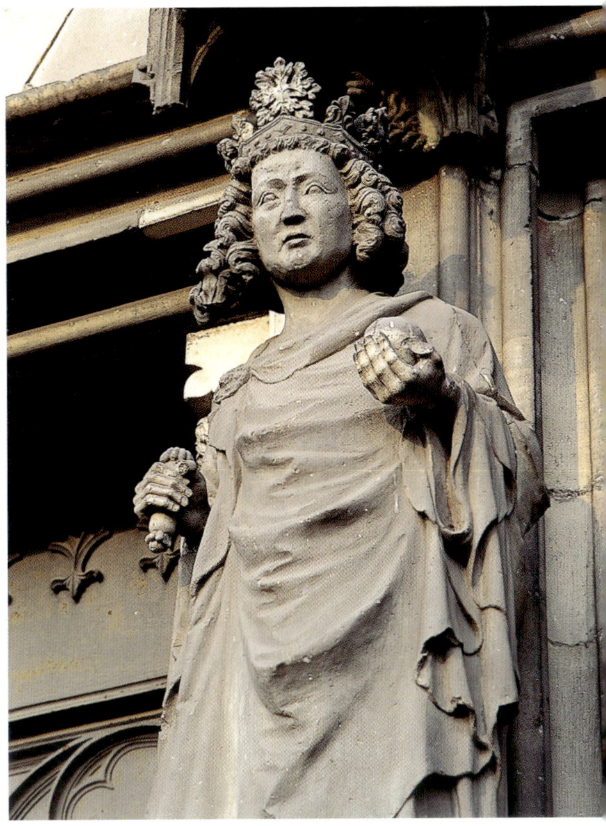

Skulptur Ottos I. am Mittelpfeiler des Westportals

frühere Plastik umgeformt wurde, möglicherweise eine Marienfigur (die Turmvorhalle war Maria geweiht) oder die hl. Katharina, die zusammen mit der Mauritiusfigur im Wimperg darüber Namenspatronin des Domes ist. Eine seitliche Ansicht der Portalfigur zeigt noch den ausgesprochen weichen, fraulichen Gesichtsausdruck. Das Portal diente an hohen Festtagen der Prozession der Kleriker und dem Einzug der Bevölkerung. Erst seit der Einrichtung der dahinter liegenden Turmvorhalle zur erzbischöflichen Grabkapelle wurde es seltener geöffnet. Heute geschieht das nur noch zu den festlichsten gottesdienstlichen Anlässen: zur jährlichen Feier der Heiligen Osternacht, wenn

Ansicht des Domes von Südwesten

vor dem Portal das Osterfeuer entzündet wird, und zu Bischofseinführungen.

Zusammen mit dem Westportal wurde auch das zweite Geschoss der Westfassade begonnen. Hinter dem Wimperg erstreckt sich eine großartige Fensterarchitektur mit Blendmaßwerk und ungefüllten Figurennischen, die sich in den Blendmaßwerkfenstern der beiden Turmgeschosse rechts und links fortsetzen. Sie lösen die Masse des Steins in filigrane Leichtigkeit auf. Fugenansätze im Inneren der Orgelempore unter dem Fenster des Mittelbaues lassen erkennen, dass vielleicht auch in Magdeburg ursprünglich eine große Fensterrose nach Straßburger Vorbild geplant war. Das zweite Geschoss der Fassade wird durch eine Laufgalerie abgeschlossen, die sich um den gesamten Dom in der Höhe des Dachansatzes zieht. Darüber waren die beiden völlig schmucklosen dritten Geschosse der Türme gesetzt worden, bei denen selbst die Fenster noch an die Außenseiten rückten, um mit der nüchternen Monumentalität den geplanten Mittelbau umso stärker hervortreten zu lassen, von dem allerdings nur die Partie unter den beiden Fenstern vollendet wurde. Bis hierher war der Dombau bei der Weihe von 1363 gelangt, ehe in Folge von Geldmangel, kriegerischen Auseinandersetzungen und Schwächung der erzbischöflichen Macht eine Unterbrechung von mehr als einhundert Jahren eintrat.

Dass der Dom im Gegensatz zu vielen anderen deutschen Domen und europäischen Kathedralen, die nie ihre vollständigen Türme erhielten (Straßburg nur noch den Nordturm – der Kölner Dom wurde im 19. Jahrhundert vollendet und der Prager Dom erst im 20. Jahrhundert) noch im ausgehenden Mittelalter zu Ende gebaut wurde, verdanken wir dem erst zwölfjährigen Erzbischof Ernst von Sachsen bzw. dem Domkapitel, das ihn hierzu bewegte. 1477 ließ er durch die nun namentlich bekannten Baumeister Kunzel Vrankenford, Heinrich Bethen und Bastian Binder aus Halle die Türme in einer kraftvollen, der sonstigen Schwere des Domes entsprechenden Weise vollenden. Der Mittelbau erhielt sein prachtvolles hochgotisches Fenstergeschoss, an das Anfang des 16. Jahrhunderts die Gestalt Christi und zehn Apostelfiguren – überlebensgroß und von hoher künstlerischer Qualität – gestellt wurden. Dem Betrachter sind sie nur noch in Fernsicht wahrnehmbar, aber »ad maiorem dei gloriam«. Am mittleren Strebepfeiler oben steht Christus mit dem Kreuz auf der Weltkugel, neben ihm nach rechts folgen Johannes mit Kelch, Philippus mit Doppelkreuz, Jakobus d. J., nach links Petrus mit dem Schlüssel, Bartholomäus mit Messer und Andreas mit dem charakteristischen Kreuz; darunter von links Jakobus d. Ä. mit Muschel und Wanderstab, (1945 zerstört: Paulus), Matthias mit Lanze und Matthäus mit dem Beil. Der hoch über den Mittelbau aufsteigende Giebel war für den Magdeburger Kirchenbau des Mittelalters typisch. Leider wurde das schöne alte Magdeburger Stadtbild mit den vielen noch stehenden Doppelturmfassaden der Kirchen in den 1950er Jahren aus ideologischen Gründen fast vollständig zerstört. Über der erst im 19. Jahrhundert ins vierte Geschoss versetzten Uhrenanlage sieht man im Mittelgiebel, an den vergoldeten Strahlenkränzen leichter erkennbar, die große Madonna auf der Mondsichel, umgeben von den Dompatronen Mauritius und Katharina.

Hinter den großen Schallfenstern der daneben liegenden Turmgeschosse befinden sich die beiden großen Glockenkammern des Domes. Heute hängen nur noch im Nordwestturm Glocken: die »dicke Susanne« (Osanna- bzw. Festglocke, 8 800 kg, Schlagton e°) von 1541, letztmalig umgegossen 1702 im Beisein von König Friedrich I. in Berlin, der eine Handvoll Golddukaten in die Glockenmasse warf; und die klangschöne »Apostolica« (4980 kg, Schlagton b°) von 1567, letzter Umguss 1690. Im zweiten Turmgeschoss findet man ein altes Uhrenfeld mit einem Stern. Im dritten Geschoss hängt nach Norden auch die Sonntagsglocke »Dominica« (ca. 2600 kg, Schlagton h°) von 1575 im originalen Glockenstuhl, darüber befindet sich die heutige Uhr mit dem Stundenschlaghammer an der »Apostolika« (12 Apostel = 12 Stunden), und im Oktogon sieht man die fest stehende »Schelle« von 1396 (ca. 1500 kg, Schlagton f¹) als Schlagglocke der Viertelstunden. Im

Dachreiter läutet die älteste und kleinste Glocke (200 kg, Schlagton e²), die »Orate« aus dem 13. Jh. Zum Gebet. Finanziert durch Spenden und realisiert vom Domglockenverein werden diese 5 verbliebenen Glocken gegenwärtig durch 8 weitere, neu zu gießende Glocken zu einem wieder vollwertigen Kathedralgeläute ergänzt, wie es der Bedeutung dieses großartigen Domes entspricht.

Den Abschluss der Türme bilden Oktogone mit Eckpfeilern und Schleiermaßwerk, die über der obersten Galerie von Krabben besetzten, gedrungenen Helmen bekrönt werden, deren ineinander gestecktes Montagesystem über einem aus Kettengliedern geschmiedeten Ringanker eine bautechnische Meisterleistung Bastian Binders darstellt. Der Austritt auf die nördliche Turmgalerie trägt nach 311 Baujahren die abschließende Jahreszahl 1520. Auffälligerweise bekrönt nur den Nordwestturm des Domes eine Kreuzblume. Ist die südliche wirklich im Dreißigjährigen Krieg bei der Belagerung Magdeburgs von einem kroatischen Kanonier abgeschossen worden, um damit sein Leben zu retten, wie die Legende erzählt? Oder ist es wahr, dass nur der massive Nordturm auf dem Domfelsen steht, der mit seinem Rotliegenden den natürlichen Untergrund des Domhügels bildet und sich bis in die Elbe hineinzieht – der Südturm dagegen stände auf einer ca. 7 m oder stärkeren Grünsandschicht? In der Tat ist der Südturm im Inneren und Äußeren deutlich schwächer und leichter konstruiert. Nach neuesten Bodenuntersuchungen stehen beide Türme auf dieser Grünsandschicht. Tatsache ist, dass beide sich jedes Jahr millimeterweise drehen und senken und dabei vom Mittelbau abreißen. So erinnern die Domtürme an das Gleichnis Jesu vom Bau des Lebens auf Sand oder Fels (Mt. 7, 24–27) und das Wort von der Krone des Lebens als Preis der Glaubenstreue (Offb. 2,10).

Die Nordseite

Wenn man sich von der Westfassade nach links zum Domplatz wendet, erscheinen die Türme plötzlich sehr schmal. Das Kirchenschiff breitet sich aber in seiner ganzen beeindruckenden Größe aus. Die Nordfassade des Domes präsentiert sich so wie die Westfassade als Schauseite zur Bürgerstadt.

Das Portal zum nördlichen Seitenschiff [2] wurde nach 1494 Haupteingang für die Magdeburger Bürger und mit den Statuen der Dompatrone versehen. Die Originale wurden im 19. Jahrhundert durch wenig sensible Nachbildungen ersetzt.

Die Gliederung der hochgotischen Fassade des Nordschiffes [E] spiegelt deutlich den Innenaufbau von fünf Doppeljochen wieder, erkennbar an den jeweils stärkeren Strebepfeilern, im Wechsel mit dünneren Streben und der doppelten Zahl von Obergaden. Der Rhythmus setzt sich auch in den Seitenschiffen vollkommen fort. Die Mauerdicke der aufgehenden Teile des Domes ist so gewaltig, dass man im Aufbau der Langhauswand auf jedes Strebewerk mit freistehenden Bögen verzichten konnte. Das verstärkt die monumentale Einfachheit des Magdeburger Domes. Lediglich die Zwerchgiebel des Seitenschiffes, deren Dächer nach hinten abgewalmt sind und so den Lichteinfall in das Hauptschiff freigeben, sind mit aufwendigem Blendmaßwerk geschmückt, wobei jedes Seitenschiffsjoch je zwei gleich gestaltete Giebel trägt. Die untere Galerie vor den Zwerchgiebeln diente vor der Reformation der Heiltumsweisung: Zu hohen kirchlichen Feiertagen und zur »Herrenmesse« (der jährlichen Handelsmesse im September auf dem Domplatz anlässlich des Gedenktages des hl. Mauritius und seiner Gefährten, der »Herren« des Domes) wurden die goldenen Reliquiare des Domes in großartiger Prozession unter Ausrufen der Heiligennamen, Glockenklang und Weihrauch dem Volk auf dem Domplatz gezeigt, das deren Segen erflehte. Möglicherweise wurde auch die obere Galerie an der Dachzone, die am repräsentativen dritten Geschoss des Westbaues anschließt, für solche Heiltumsweisungen genutzt.

Der Dachreiter (»Bleiturm«), der nicht in der Mitte der Vierung platziert ist, trägt die kleinste Glocke des Domes, »Orate« (225 kg, Schlag-

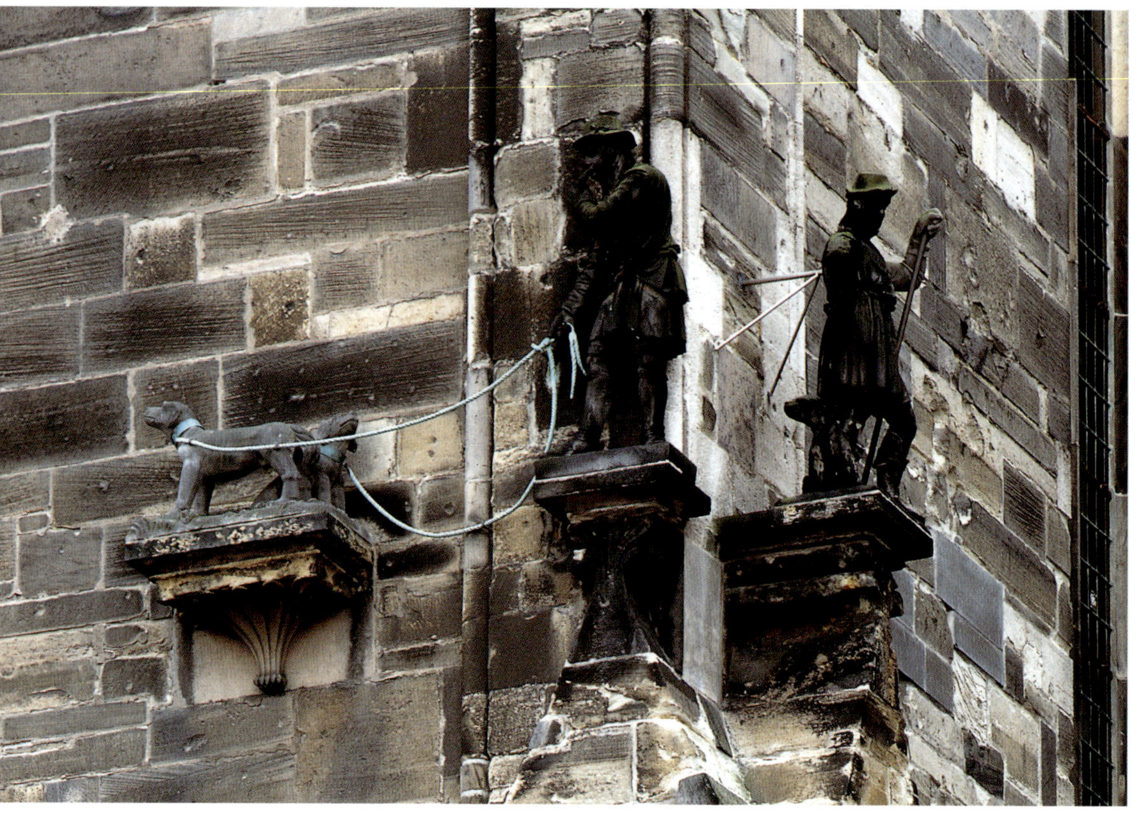

Die sogenannte Schäfergruppe am nordwestlichen Eckpfeiler des Nordquerhauses weist auf eine Sage über den Dombau hin.

ton e²), die aus dem 13. Jahrhundert stammt und die älteste Glocke des Stadtkreises ist.

Die Fassade des NORDQUERHAUSES [G] ist im untersten Geschoss noch in der Übergangszeit von der Spätromanik zur Frühgotik bis 1240 entstanden, dann aber bis 1274 hochgotisch ausgebaut und beträchtlich erhöht worden. Das große Fenster über der Paradiesvorhalle mit spätgotischem Maßwerk in der Höhe der Hochchorfenster zeigt noch die niedrigere Gesamthöhe der ursprünglichen Ostteile an. Erst durch die Höherführung der Mauer konnte der Giebel auf die geplante Langschiffhöhe gebracht werden. Das Schleiermaßwerk vor der Giebelwand verbirgt wie am Südgiebel des Querhauses eine Rosette. Auf den nordwestlichen Eckpfeilern des Querhauses sieht man über der Paradiesvorhalle die sogenannte SCHÄFERGRUPPE [3] in einer Kopie aus dem

19./20. Jahrhundert, um die sich eine Sage rankt: Der Schäfer Koppehel des Klosters Berge vor Magdeburg, in das die Mönche des Mauritiusklosters nach der Erhebung Magdeburgs zum Erzstift übergesiedelt waren, soll ein Vorfahre des Domherren Koppehel gewesen sein. Dessen Hunde scharrten Anfang des 13. Jahrhunderts beim Hüten einen Goldschatz aus, den er auf Anraten des Abtes dem stockenden Neubau des Domes zur Verfügung stellte.

Die PARADIESVORHALLE [J] entstand Mitte des 14. Jahrhunderts im Zuge der Umgestaltung des Querhausportals. Ihren Namen hat sie von der Gerichts- und Erlösungsthematik des Portals, durch das man vom irdischen Alltag in den Raum des himmlischen Jerusalem eintrat. Die alten Türen trugen einst Paradiesdarstellungen. Die drei Doppelportale und die großen Rosettenfenster geben dem hochgotischen

Hochgotische Paradiesvorhalle am nördlichen Querhaus

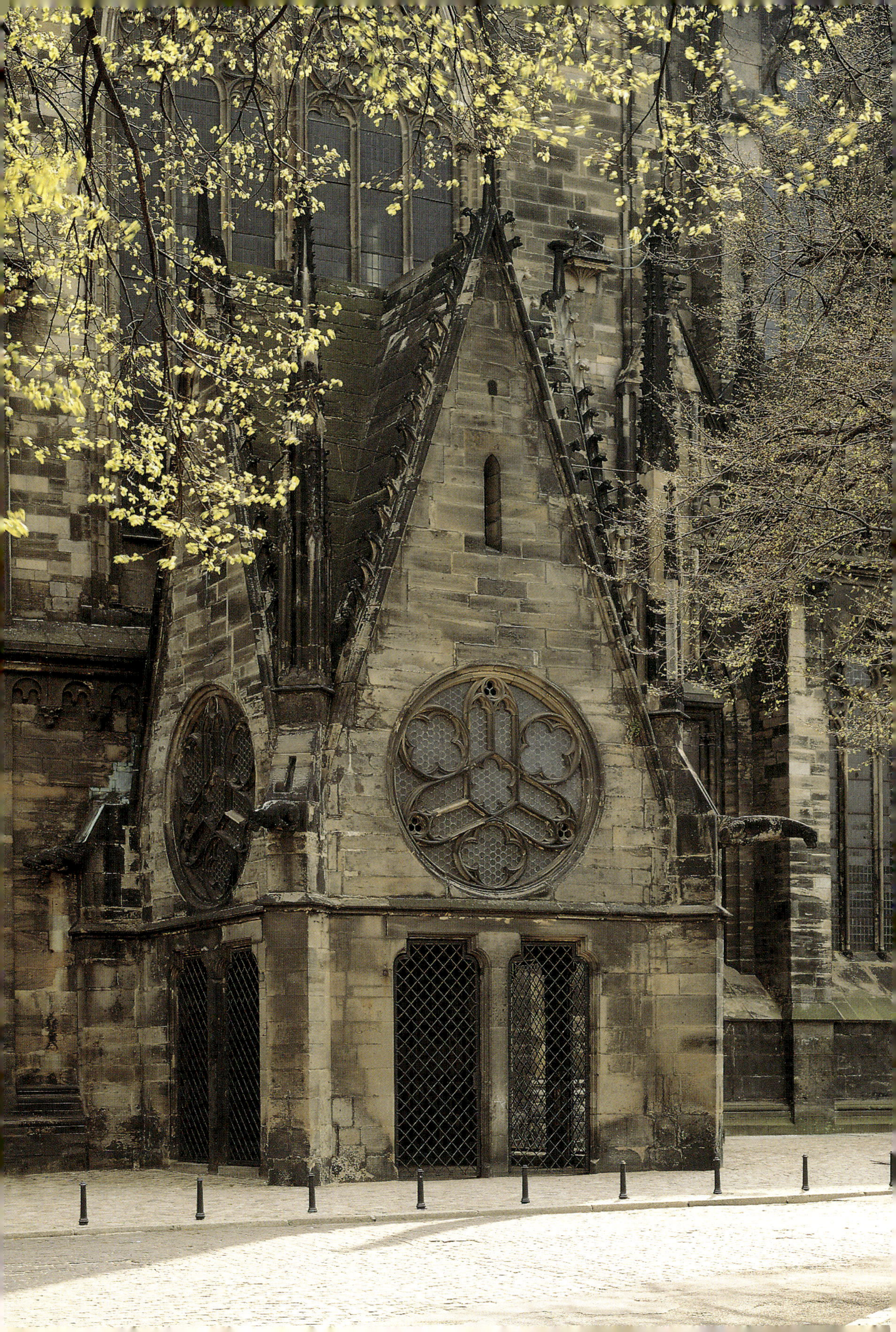

Bau mit kreuzförmigem Satteldach die Form eines kostbaren Schreins.

Direkt an das Querhaus schließen sich die OSTTÜRME [H] an. Der Dom war in seiner ursprünglichen Konzeption fünftürmig mit Osttürmen, Vierungsturm (Dachreiter) und Westtürmen angelegt. Die Osttürme mit ihrer starken Lisenengliederung und den Rundbogenfriesen gehören noch der spätromanischen Zeit an, erst das vierte Geschoss ist frühgotisch und sollte ursprünglich das niedriger geplante Querschiff überragen. Nach Abschluss des Dombaues 1520 blieben die Osttürme als nicht mehr zeitgemäß unvollendet; das schon vorhandene Baumaterial wurde in der Stadtbefestigung verwendet. Lediglich ein Glockengeschoss aus Fachwerk krönte bis zur großen Restaurierung 1825 noch die Osttürme.

Der Ostbau

Beim Gang von der Westfassade zum Chor kann man die Bauzeit stetig zurückverfolgen. Der OSTBAU [I] zeigt mit der massiven Staffelung noch ganz romanische Schwere, auch wenn er bereits über einem gotischen Grundriss errichtet wurde. Die polygonalen Chorkapellen mit ihren schichtweise in die starken Mauern geschnittenen kleinen Fensteröffnun-

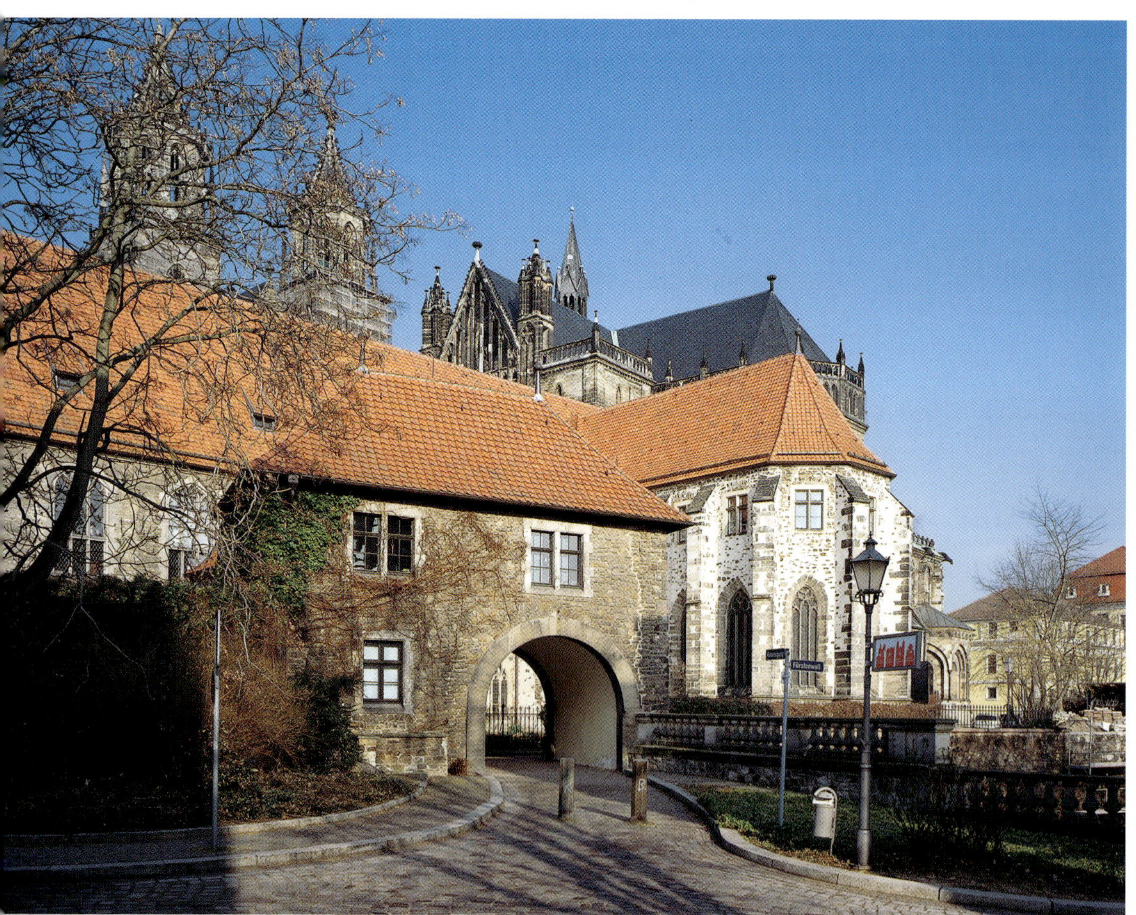

Blick vom Fürstenwall zum Dom mit Remtergang und Marienkapelle (rechts)

Der Chor ist im Bereich der Chorkapellen noch deutlich der Romanik verhaftet.

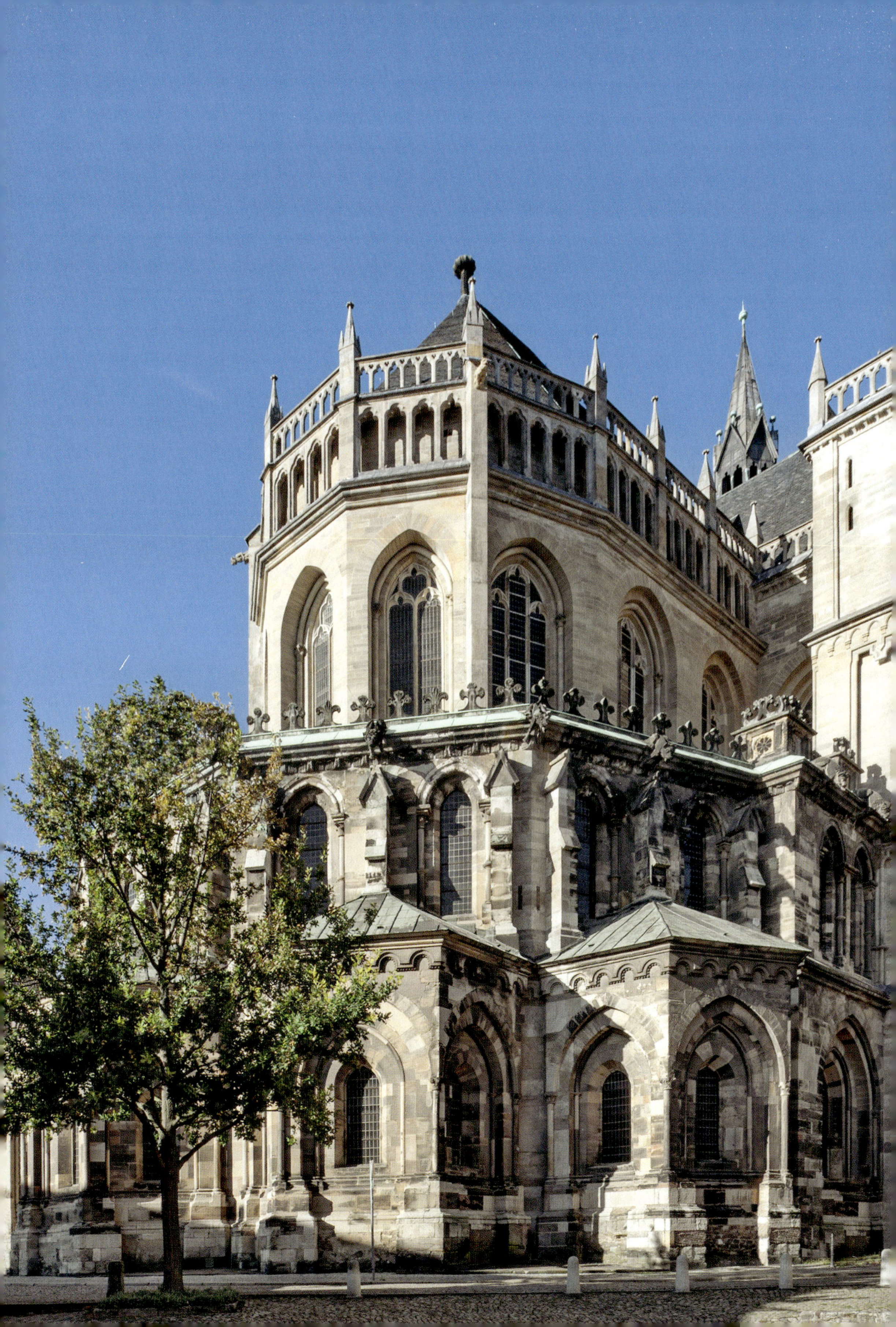

gen und dem Rundbogenfries mit Diamantband sind noch am deutlichsten durch die einheimische Bauweise um 1209 bis 1220 geprägt. Erst der darüber liegende Bischofsgang, das um 1230/40 entstandene Obergeschoss des Chorumgangs, trägt mit seiner geringeren Mauerstärke, den größeren Fenstern, Knospenkapitellen, Muldenfries und Liliengalerie alle Merkmale der Frühgotik. Die enorme Mauerstärke der aufgehenden Teile macht auch hier das charakteristische Strebewerk gotischer Kathedralen überflüssig. Am Bischofsgang sichern lediglich Strebepfeiler den Gewölbeschub. Der darüber liegende Obergaden ist bereits ganz in hochgotischen Formen errichtet und um die Mitte des 13. Jahrhunderts beendet worden. Die großflächigen Fenster mit den 1567 erneuerten Maßwerken nehmen fast die gesamte Wandbreite ein, zwei Strebepfeiler sind erst im 19. Jahrhundert ergänzt worden. Da später das Langhaus höher errichtet wurde als der Chor, glich man den Höhenunterschied mit einer Ziergalerie in schlanken Formen aus, die eine zweite Galerie trägt, die das mächtige Bauwerk in der Traufhöhe des Daches umläuft.

Auf dem Weg zur Südseite muss man die Klausurgebäude und den Kreuzgang umschreiten. Der romantische Remtergang zwischen ehemaliger Domkurie und Wallanlagen vermittelt noch einen stimmungsvollen Eindruck des alten Magdeburg. Auf dem Pflaster vor dem östlichen Kreuzgangportal ist der Grundriss der darunter ergrabenen KRYPTA [M] des ottonischen Domes abgebildet, die vom Kreuzgang aus besichtigt werden kann. Neben dem Giebel des REMTERS [N], an dem man noch Spuren der Veränderungen vom Mittelalter bis zum 19. Jahrhundert ablesen kann, schließt sich die DOMKÜSTEREI [Q] an, die im 19. Jahrhundert in den Winkel zwischen Remter und hochgotischer MARIENKAPELLE [O] gebaut wurde. Die Ostwand des Remters zeigt über dem frühgotischen Untergeschoss die Erweiterung des 19. Jahrhunderts für das Gebäude des ehemaligen provinzsächsischen Konsistoriums.

Die Südseite

Durch den Torbogen der mittelalterlichen Stadtanlage führt der Weg zum Fürstenwall und der anschließenden Parkanlage, von der man noch einmal einen schönen Blick auf den gesamten Domkomplex hat. Den südlichen Remtergiebel ziert der preußische Adler, da der Preußische Staat seit 1815 als Dompatron und Bauherr fungierte. Im romanischen Untergeschoss des Remters befinden sich heute die Übungsräume des Magdeburger Domchors. Das Gebäude des EVANGELISCHEN LANDESKIRCHENAMTES [R] wurde 1881 anstelle des älteren Domgymnasiums errichtet, das sich heute unweit des Domes in der Hegelstraße befindet. Der Westteil des Konsistoriums wurde 1945 schwer beschädigt und in schlichter Form wieder aufgebaut. Heute befinden sich in ihm das Bischofsbüro der Evangelischen Kirche in Mitteldeutschland sowie verschiedene landeskirchliche Arbeitsbereiche. Das um 1700 geschaffene BAROCKPORTAL [4] stammt von der Deutsch-Reformierten Kirche am Breiten Weg, die 1895 dem Neubau der Hauptpost weichen musste.

Die hinter dem Kreuzgang aufragenden Fassaden des SÜDLICHEN QUERHAUSES [F] und des Langhauses, die die gleiche Gliederung wie auf der Nordseite zeigen, können besser vom Domhof aus betrachtet werden (vgl. S. 83ff.).

Auf dem Rückweg zur Westfassade kommt man zum westlichen KREUZGANGPORTAL [5], das der Zugang zum Remter ist, wo im Winterhalbjahr die Gottesdienste stattfinden. Im Winkel zur Großen Sakristei wurde 1891 das neue DOMPFARRHAUS [S] errichtet, das heute das Dombüro, die Gemeinderäume und Mitarbeiterwohnungen beherbergt. Zwei weitere Gemeindehäuser wurden 1945 zerstört. Neben dem Pfarrgarten liegt im südlichen Seitenschiff die sogenannte AUGUSTAPFORTE [6], die früher dem Ausgang der Domherren bei Prozessionen diente. Die Pferdeskulptur darüber an der östlichen Turmwand erinnert an die Sage des Domherren von Asseburg (vgl. S. 38f.). Das der mittelalterlichen Bürgerstadt zugewandte PORTAL IM NÖRDLICHEN SEITENSCHIFF [2] ist der heutige Domeingang.

Blick von Südosten auf die Südfassade und den Kreuzgang

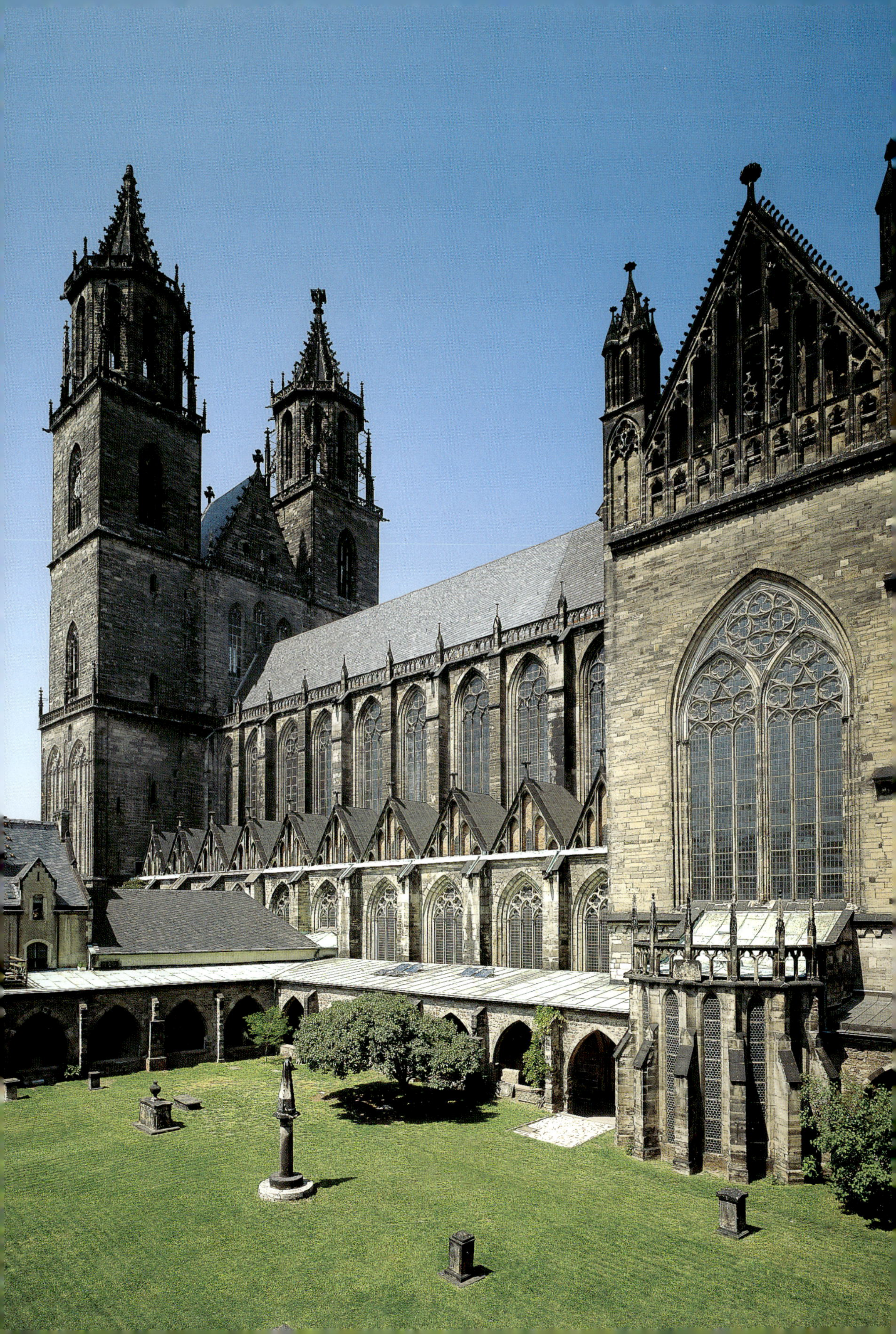

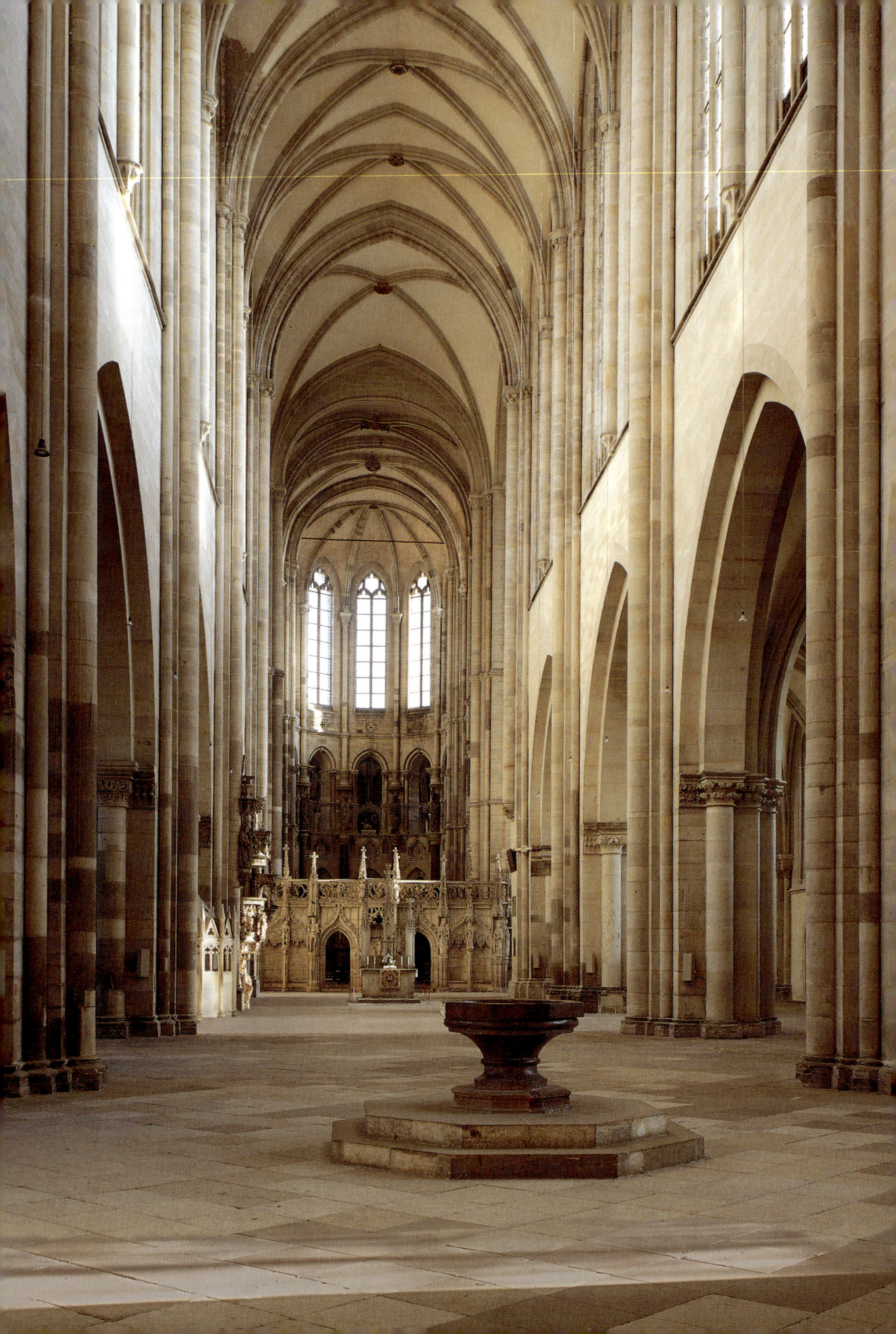

RUNDGANG IM DOM

Der Eingangsbereich

Beim Eintritt durch das PORTAL DES NÖRD-LICHEN SEITENSCHIFFS [2] eröffnen sich die weiten, lichtdurchfluteten Schiffe des Domes. 32 m steigt das Mittelschiff in die Höhe, die Seitenschiffe erreichen fast die gleiche Breite wie das Hauptschiff; 120 m führt der Weg vom Westportal bis zur Scheitelkapelle. Es gibt keinen anderen gotischen deutschen Dom, der sich durch solch eine großzügige räumliche Weite und Helle auszeichnet. Trotz der großen Verluste an mittelalterlicher Ausstattung birgt der Dom immer noch eine Fülle von bedeutenden Kunstwerken und liturgischer Ausstattung.

Rechts und links neben dem Gitter zur Turmhalle begrüßen den Eintretenden die NAMENSPATRONE [7] des Domes, der HL. MAURITIUS, dem Otto der Große Kloster und Vorgängerbau weihte, und die HL. KATHARINA, die

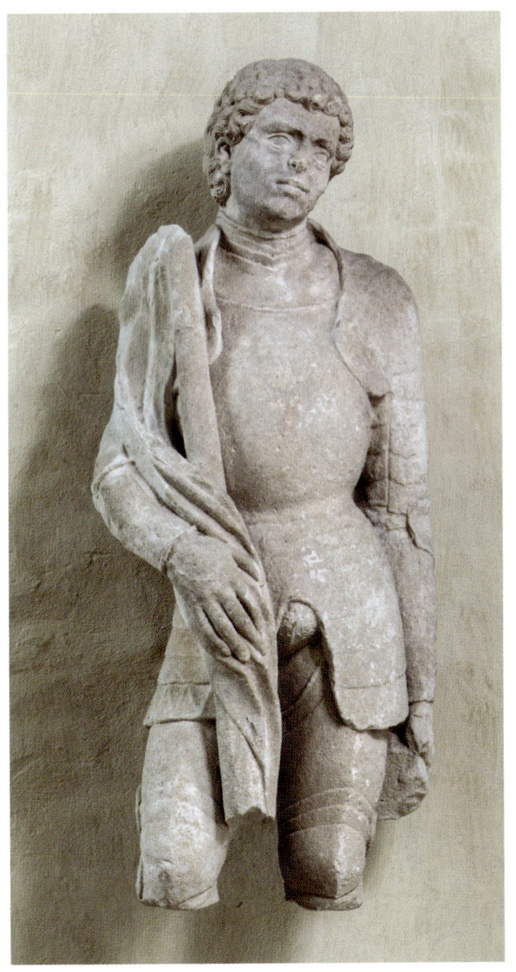

Originalfigur des hl. Mauritius von 1515, ursprünglich über dem Nordportal, heute im Dominneren

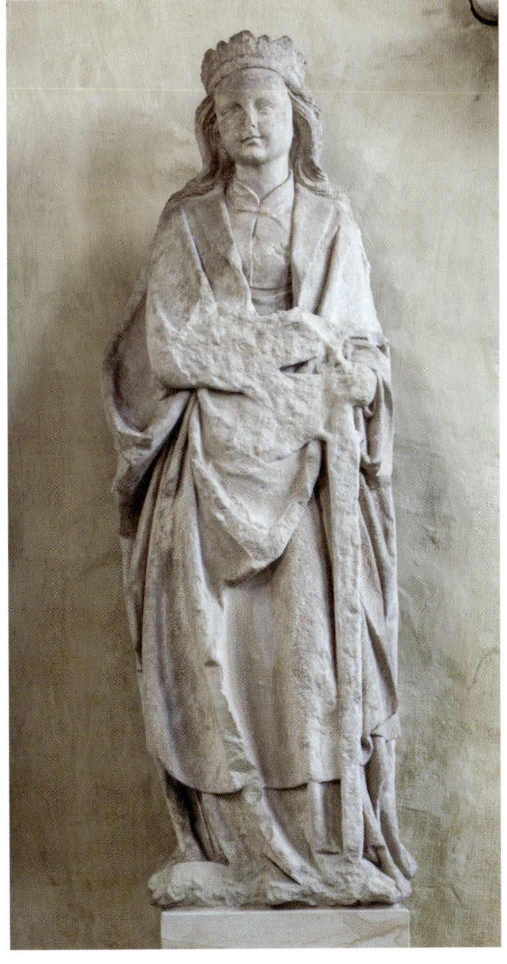

Originalfigur der hl. Katharina von 1515, ursprünglich über dem Nordportal, heute im Dominneren

Blick von Westen durch das Mittelschiff zum Chor

mit dem heutigen Neubau Konpatronin wurde. Während an der Außenfassade über dem Portal Kopien des 19. Jahrhunderts stehen, sind die spätgotischen Originale von 1515 hier an den Innenwänden der Westtürme zu sehen. Mauritius und Katharina erscheinen in außerordentlich weicher, jugendlicher Zeichnung von großer Monumentalität und Verinnerlichung.

Über dem Turmaufgang befindet sich das bedeutende, unlängst restaurierte EPITAPH DES DOMHERREN WERNER VON PLOTHO (†1589) [8], das der Bildhauer Hans Klintzsch aus Pirna geschaffen hat. Das Hauptfeld zeigt die Vision des Propheten Hesekiel von der Belebung des Totengebeins durch den Odem Gottes (Hes. 37); in den Seitenfeldern stehen die beiden Dompatrone Mauritius und Katharina. Die auf der Schriftplatte kniende Figur des Domherren selbst wurde im Krieg zerstört. Darüber zeigt das Mittelbild die Auferstehung Christi, die Seitenfelder links und rechts die Verkündigung der Geburt Jesu sowie die Anbetung der Hirten und der oberste Aufsatz den Gnadenstuhl (Gott Vater mit dem toten Christus auf dem Schoß).

Die Turmhalle

Die TURMHALLE [B] ist durch ein farbig gefasstes GITTER [9] von 1498 vom Mittelschiff abgeschlossen, um das sich eine typische Domsage rankt: Der Meister konnte nur mit Hilfe des Teufels, der sich als fahrender Geselle verkleidet hatte, das Gitter vollenden. Dieser hatte aber einen Fehler eingebaut, der bei der Einweihung entdeckt wurde, so dass das ganze Gitter zusammenbrach. Daraufhin entführte der Teufel die Seele des Meisters durch die Gewölbe. (Die über dem Gitter in 32 m Höhe zu sehende »Teufelsluke« ist allerdings eine mittelalterliche Bauluke zum Aufzug der Lasten.)

Die Westempore über der Turmhalle war schon immer der Platz für die Hauptorgel. Das berühmteste Instrument des Domes war die dreimanualige Orgel von Heinrich Compenius aus Halle 1604/05 mit einem aufwendigen Barockprospekt mit 42 zum Teil beweglichen Figuren und einem heute noch erhaltenen

krähenden Hahn, der bei der Passionslesung großes Aufsehen erregte. Die vorletzte Orgel von Ernst Röver wurde 1945 durch einen Bombentreffer zerstört. Erst 2008, über 60 Jahre nach Kriegsende, konnte dank der Initiative der »Aktion neue Domorgeln e.V.« wieder eine neue Hauptorgel eingeweiht werden. Die Firma Alexander Schuke Potsdam GmbH errichtete den größten Orgelneubau in der mitteldeutschen Region mit 93 Registern, vier Manualen und Pedal. Die Gestaltung des Prospektes ist dem gotischen Raum überzeugend angepasst.

Wenn das Gitter zur Turmhalle geöffnet ist, kann man im Inneren des 1494 zur »Marienkapelle unter den Türmen« umgebauten Eingangsraumes die von Peter Vischer d. Ä. aus Nürnberg 1495 geschaffene MESSINGTUMBA FÜR ERNST VON SACHSEN [10], Erzbischof von Magdeburg und Administrator von Halberstadt († 1513), sehen, die zu den bedeutendsten Werken des Kunstgießers gehört. Ernst von Sachsen war schon mit elf Jahren 1476 zum Erzbischof postuliert worden und ließ bereits ein Jahr später die Arbeiten an den unvollendeten Domtürmen wieder aufnehmen. Die Bischofsweihe erhielt er mit 25 Jahren und gab im Alter von 30 Jahren sein Grabmal in Auftrag. Die Liegefigur des Erzbischofs unter einem Standbaldachin ruht umgeben von den vier geflügelten Evangelistensymbolen, Löwe, Stier, Engel und Adler, auf einer Tumba. Deren Längsseiten zieren die Apostel und die Stirnseiten der hl. Mauritius und der hl. Stephanus (Patron des Bistums Halberstadt). Die Meisterinschrift findet sich zu Füßen des Erzbischofs.

In die gleiche Zeit gehört der SIEBENARMIGE LEUCHTER [11] von 1494. Auf dem Altar wurde 1955 die FIGUR DES HL. MAURITIUS [12] aus Alabaster aufgestellt, die als Einsatzgeschenk für die 1497 gegründete Mauritiusbruderschaft gestiftet wurde und seit der Reformationszeit den Liturgiealtar bei der Kanzel schmückte. Der hl. Mauritius wird in der Darstellung aus der Renaissance als eleganter Ritter in der Rüstung seiner Zeit gezeigt. Ursprünglich trug er in der Rechten das Mauritiusbanner mit dem Kreuzzeichen.

Epitaph des Domherren Werner von Plotho (†1589) von Hans Klintzsch

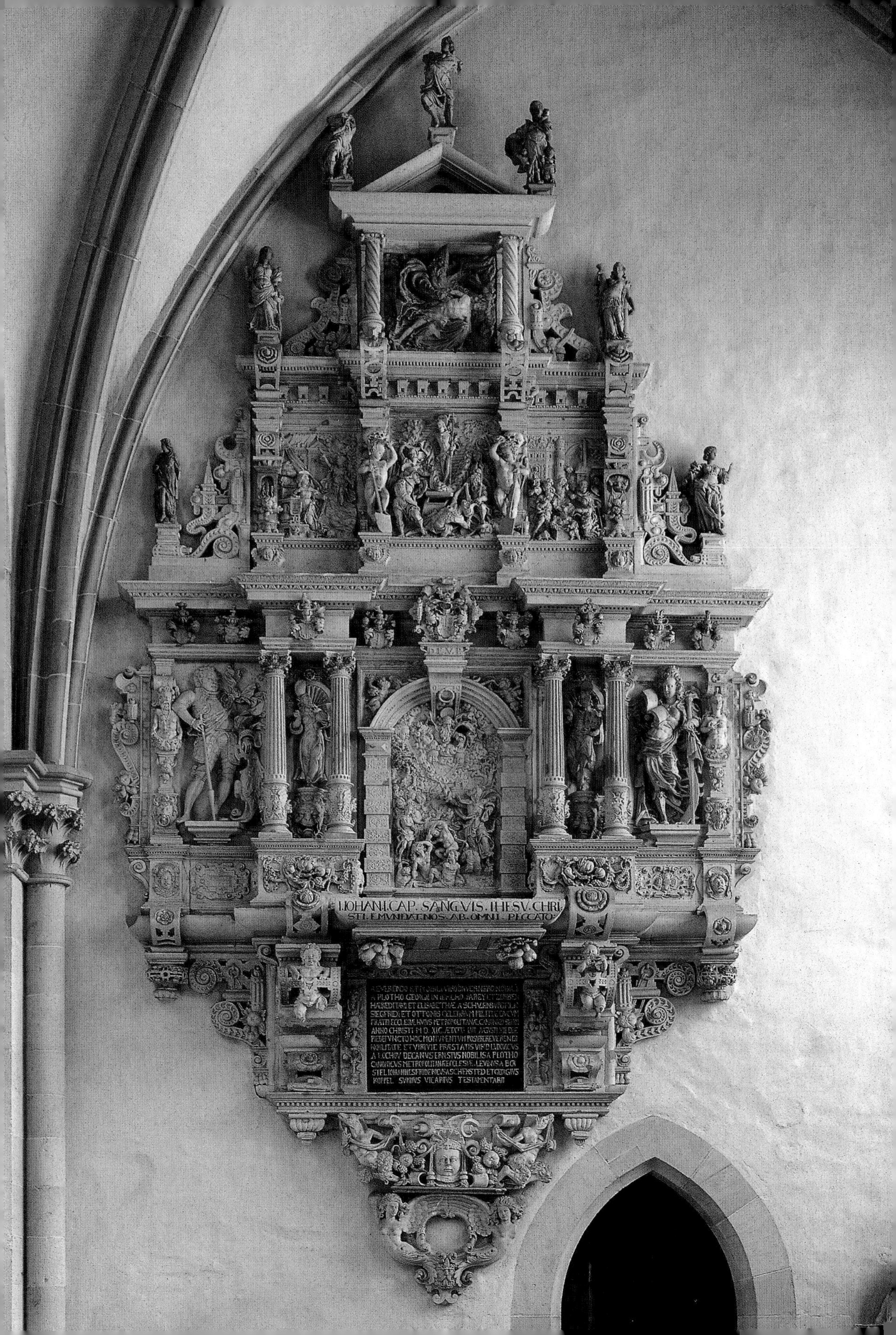
I. IOHAN.I. CAP. SANGVIS. IHESV. CHRI
STI. E. MVNDAT. NOS. AB. OMNI. PECCATO.
REVERENDO ET NOBILI VIRO D. VENERO NOBILI
A PLOTHO GEORGII IN [...] MAREY ET ZERBST
HAEREDITAR. ET ELISABETHAE. A SCHVLENBVRGH.
SEGFRIDI ET OTTONIS CELEBRARI MILITEONVM
FRATRI ECCLESIAE HVIVS METROPOLITANAE CANONICI SESS.
ANNO CHRISTI M.D. XIC. ÆTATIS LVII AVGVSTI VI DIE
PIEDEFVNCTO HOC MONVMENTVM POSVERE REVERENDI
NOBILITATE ET VIRTVTE PRAESTATIS VIRI D. LVDOVICVS
A LOCHOV DECANVS ERNSTVS NOBILIS A PLOTHO
CANONICVS METROPOLITANAE ECCLESIAE. LEVINVS A BOR
STEL IOHANNES FRIDERICVS ASCHERSTED ET GEORGIVS
KOFFEL SVHRS VICARIVS TESTAMENTARII

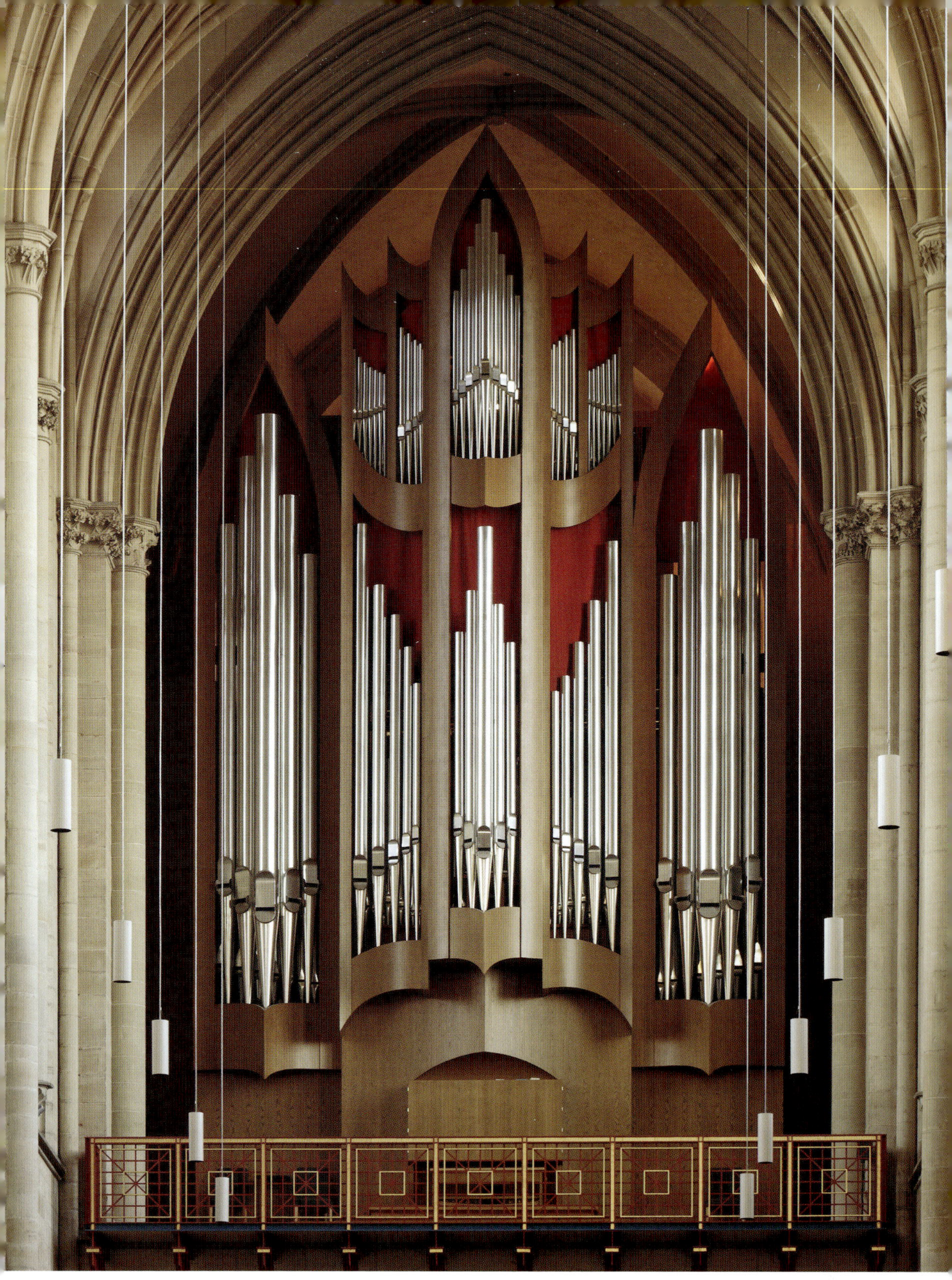

Hauptorgel auf der Westempore, Fa. Schuke, 2008

Blick auf die Turmhalle mit schmiedeeisernem Gitter von 1498, im
Vordergrund der antike Taufstein aus dem zweiten Jahrhundert

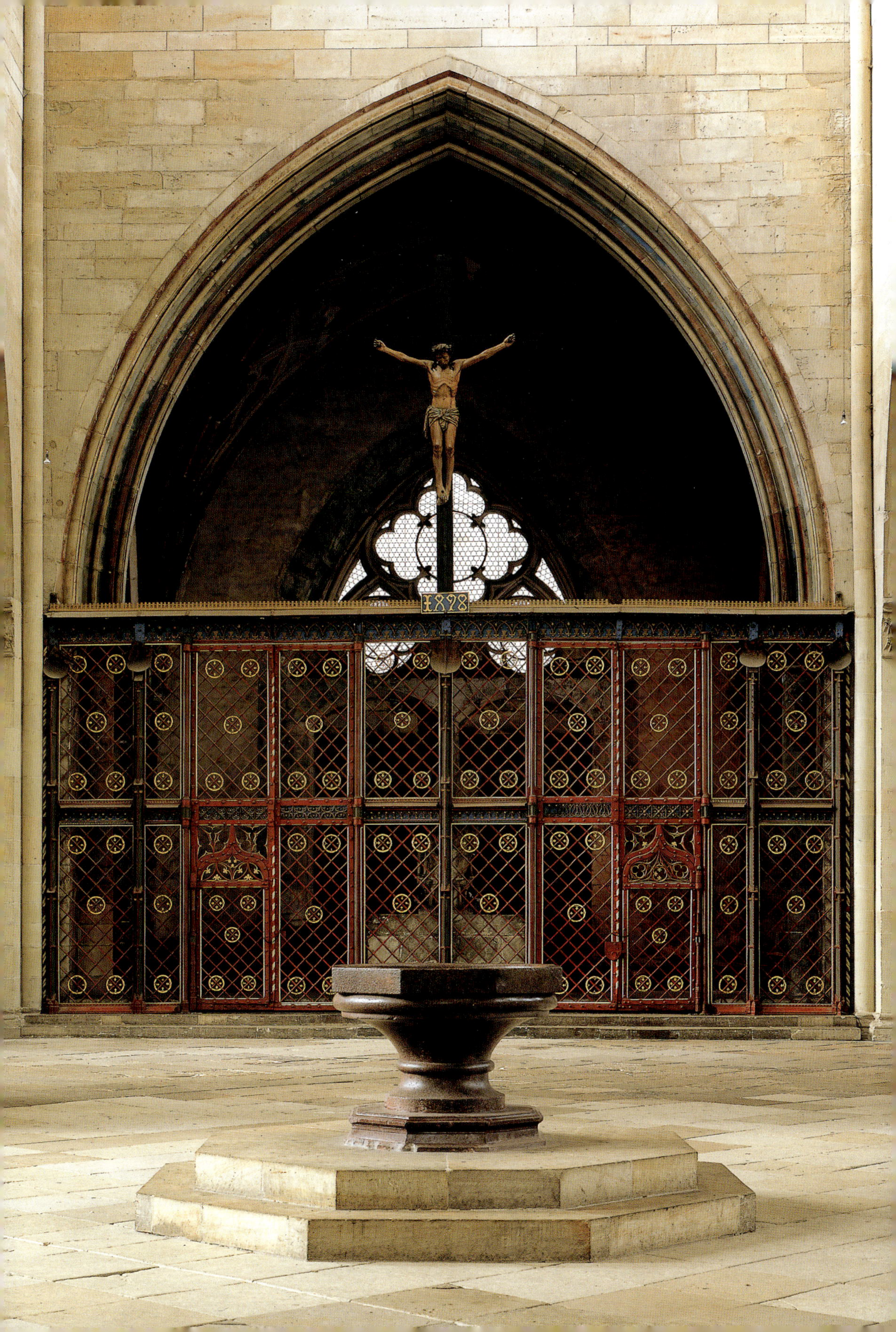

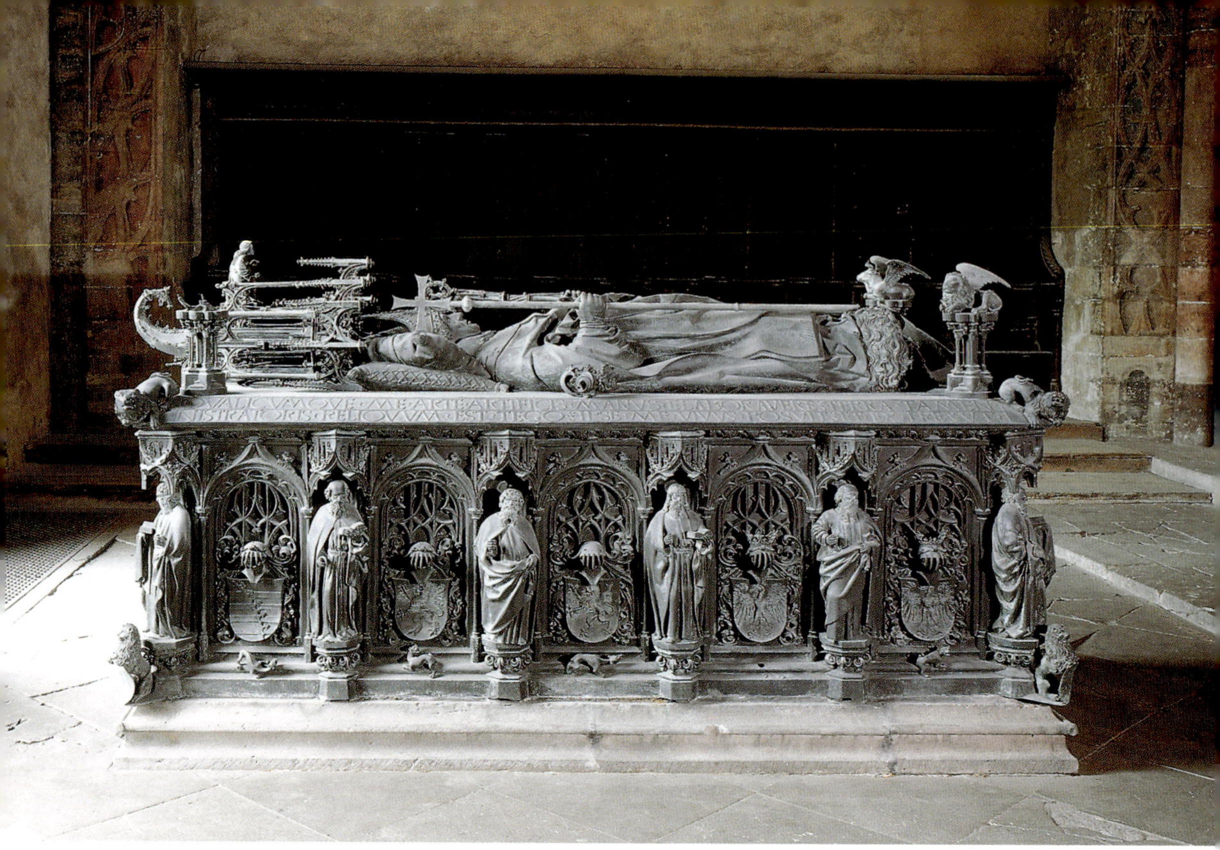

Bronzetumba des Erzbischofs Ernst von Sachsen († 1513) von Peter Vischer d. Ä., 1495 geschaffen

Kapitelle mit Tugend- und Lasterdarstellungen auf der Südseite der Turmhalle

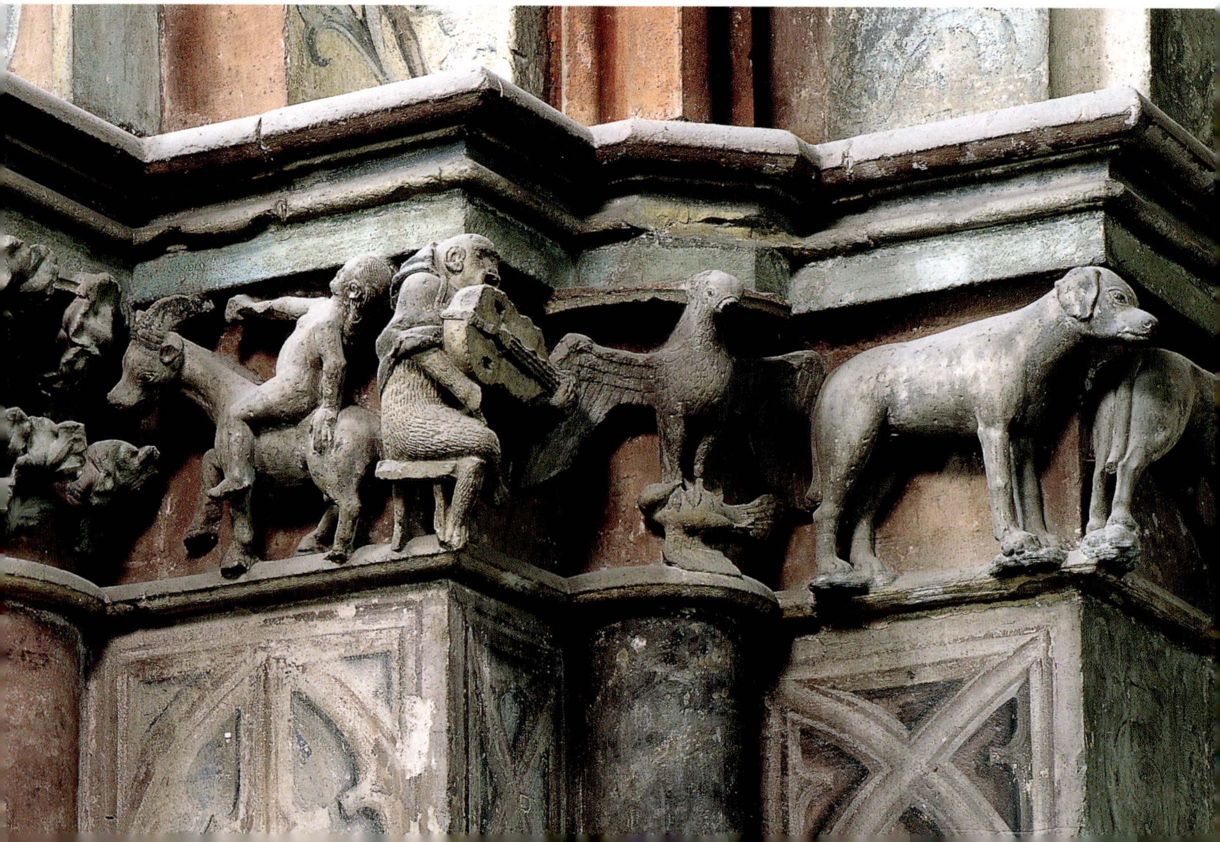

Erwähnenswert sind die KAPITELLE [13] auf der Südseite der Turmhalle, die zum Langschiff hin Tugend- und Lasterdarstellungen zeigen: Ganz rechts symbolisiert der von Hunden gejagte Hase das Gute, das vom Bösen gehetzt wird, bzw. die Seele des Menschen, die der Teufel verfolgt und die sich zu Christus flüchtet: Als »Fluchtweg« haben die Bildhauer extra eine Öffnung in die nebenliegende Wand gehauen.

Auf der Portalseite findet man die Darstellung der sogenannten »Judensau«, eine böse Verspottung, die auf mittelalterliche Judendiskriminierungen und Pogrome auch in Magdeburg hinweist: Juden in Ghettokleidung mit Judenhüten saugen an den Zitzen einer überdimensionalen Sau, des für sie unreinen Tieres. Die Domgemeinde ist hier im christlich-jüdischen Dialog bleibend zu Schuldbekenntnis und Versöhnung aufgerufen und hat im Dom einen jüdisch-christlichen Gedenkweg eingerichtet, der von der »Judensau« über die Standbilder von Synagoge und Ecclesia in der Paradiespforte bis zur Gedenkplatte für den Todessturz einer Magdeburger Jüdin 1934 vom Domturm führt. – Die Ausmalung der Turmhalle aus der Zeit von 1494 wurde in der Barockzeit gotisierend übermalt.

Das Langhaus

Wendet man sich von der Turmhalle nach Osten, beschreibt das MITTELSCHIFF [C] des Domes einen Weg vom Westportal bis zum Hohen Chor. Nur von diesem Standort aus erschließt sich der Dom als Abbild des »himmlischen Jerusalem« in seiner ganzen Großartigkeit und Vollendung, auch wenn die Farbigkeit der Raumteile und das mystische Licht der Buntglasfenster verlorengegangen sind. Der Rhythmus der Arkaden, das »doppelte Tempo« der Gewölbejoche, der Alleecharakter der Pfeiler mit ihren Blätterkapitellen und den sich wölbenden Rippen laden zum Voranschreiten nach Osten, zum Chor hin, ein.

Zunächst begegnet man dem großen TAUFSTEIN [14], den der Überlieferung nach Kaiser Otto der Große aus Italien herbeischaffen ließ.

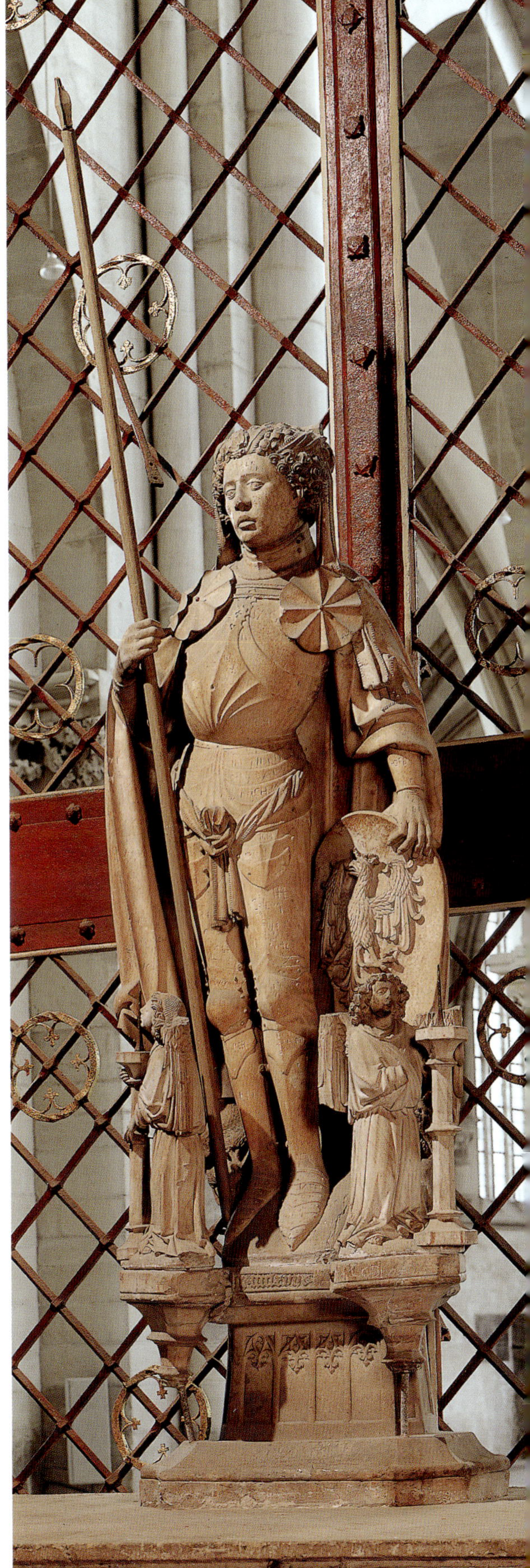

Hl. Mauritius, Alabasterfigur auf dem Altar in der Turmhalle

Das antike kelchförmige Becken mit achteckigem Rand war vermutlich im umgedrehten Zustand das Trägerstück für eine Brunnenschale. Der rötliche Porphyr stammt von dem kaiserlichen Steinbruch am Mons Porphyritis am Roten Meer in Ägypten und wurde vor ca. 1800 Jahren gebrochen. Der Taufstein ist bis heute für Kinder-, Jugend- und Erwachsenentaufen im Gebrauch.

Auf dem Weg sieht man in den Seitenschiffen bedeutende Kunstwerke aus verschiedenen Jahrhunderten. An der Turmwand des SÜDLICHEN SEITENSCHIFFS [D] hängen die Reste des einzig erhaltenen hölzernen EPITAPHS DES DOMHERREN HEINRICH VON ASSEBURG (†1611) [15], mit dem sich eine weitere Domsage verbindet, die als Wandersage auch in anderen Städten wiederkehrt: Seine verstorbene Frau erwachte bei der Beraubung ihres frischen Grabes aus dem Scheintot und kehrte vor ihr Haus im Breiten Weg zurück; diese Erscheinung hielt der Domherr für ebenso unglaublich, wie wenn sein Schimmel aus dem Dachfenster wiehern könne. Als dies daraufhin geschah, setzte das glückliche Ehepaar dem Schimmel ein steinernes Denkmal an seinem Haus; auch die benachbarte Außenwand des Südturmes trägt einen Pferdekopf. Die bleiche

Gesichtsfarbe der Verstorbenen deutet auf die Leichenblässe des Scheintodes hin und soll an ihre Kinder vererbt worden sein.

Neben dem Epitaph sieht man die von Daniel Christian Rauch geschaffene MARMORBÜSTE DES DOMSCHULREKTORS GOTTFRIED BENEDIKT FUNK (†1814) [16], eines bedeutenden Magdeburger Reformpädagogen. An der Wand des ersten Seitenschiffjoches steht das große EPITAPH DES OBRISTEN ERNST VON MANDELSLOH (†1602) [17] von Christoph Kapup, der auch die Domkanzel schuf. Hinter der Figur des Stifters, der im Dienst des Erzstiftes stand, und seiner Frau Barbara von Bodenhausen, zeigt das Hauptfeld die Kreuzigung Jesu mit den alttestamentlichen Parallelen der Opferung Isaaks (1. Mose 22) und der Erhöhung der ehernen Schlange in der Wüste durch Mose (4. Mose 21). Darüber ist im Aufsatzfeld die Auferstehung Jesu dargestellt. Eine Grabschrift unter der Sockelplatte fehlt.

Im folgenden Joch erinnern Büste und Schriftbalken eines 1910 von Prof. Rauch, Berlin, gestifteten EPITAPHS [18] an den bekannten DOMPREDIGER DR. REINHARD BAKE, der am 12. Mai 1631 bei der schrecklichen Zerstörung Magdeburgs im Dreißigjährigen Krieg durch die Truppen General Tillys die letzten 4000

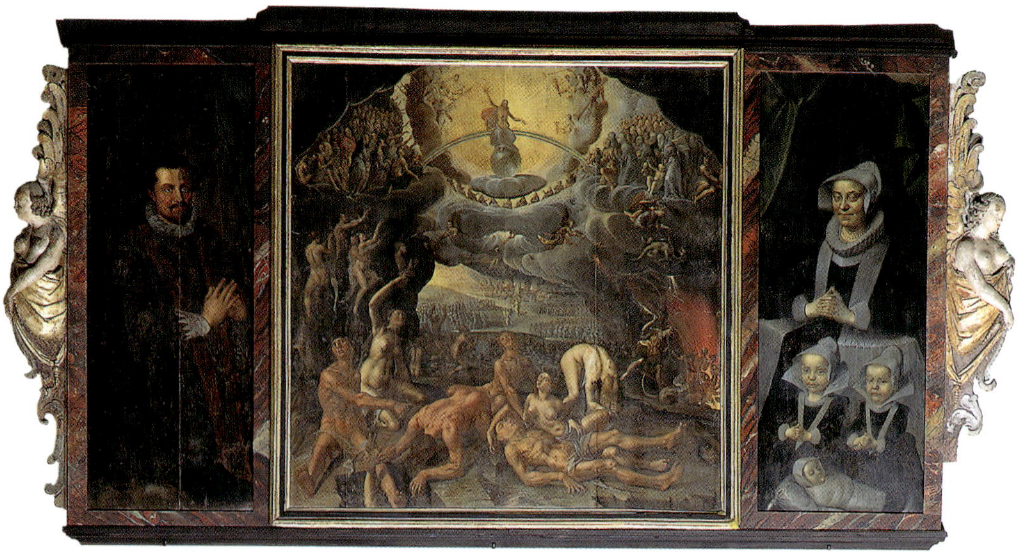

Epitaph des Domherrn Heinrich von Asseburg († 1611) an der Turmwand im südlichen Seitenschiff

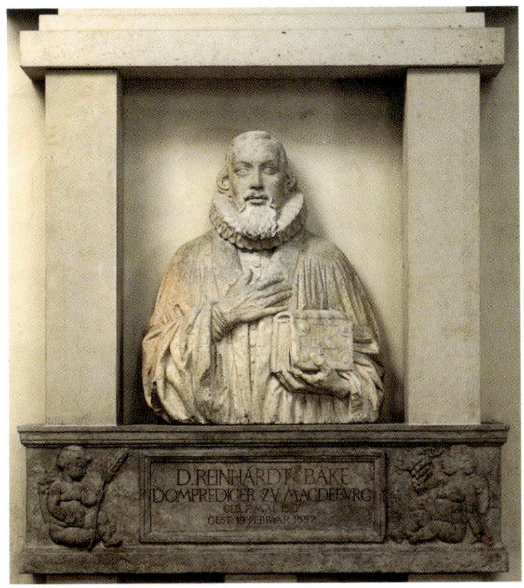

Epitaph des Dompredigers Dr. Reinhard Bake

Magdeburger, die sich in den Dom geflüchtet hatten, mit einem Kniefall vor dem Eroberer rettete. Das einstige Epitaph mit seiner Büste und der Grabinschrift wurde 2002 vereinfacht wiederhergestellt.

Im nächsten Seitenschiffsjoch birgt die Nische unter dem Epitaph des Domherren Friedrich von Arnstedt eine Besonderheit – das »Meeresrauschen« [19]: In der in die Wand eingelassenen kleinen Sakramentsöffnung eines früher dort befindlichen Altars vervielfältigt sich das Rauschen des Blutes in der Ohrmuschel zu einem dumpfen Getöse, wenn man den Kopf hinein hält. Die daneben befindliche Tür zur Grossen Sakristei [T] ziert ein schönes hochgotisches Tympanon mit dem Weinstock (Joh. 15), dessen Früchte man erst unter den Blättern entdeckt, wenn man als Betrachter in die Knie geht – ein schönes Bild für die Demut, aus der der Glaube erwächst.

Es folgt im nächsten Joch das Bronzeepitaph des Domherren Georg von Koppehel (†1604) [20], um dessen Vorfahren sich die oben geschilderte Domsage rankt (S. 24). Die Nachbildung der Schäfergruppe [3] sieht man am Außenbau des Nordquerhauses über

der Paradiespforte. Neben dem Bronzeepitaph hängt das große Epitaph für den Domherren Christian von Hopkorf (†1599) [21] von Christoph Dehne, das 1945 schwer beschädigt wurde. Der Figur des Verstorbenen gegenüber sitzt ein großer Schmerzensmann (Christus im Elend); das Hauptrelief zeigt das Jüngste Gericht. Im Sockel ist die Vision des Propheten Hesekiel von der Belebung des Totengebeins und im Aufsatz die Darstellung von Gesetz und Gnade (beschädigt) dargestellt; dazwischen finden sich Apostelfiguren. Der kleine Nebenaltar zwischen den Epitaphien trägt ein wertvolles Sandsteinretabel mit der Darstellung der Anna Selbdritt [22] von 1504: Anna, die Mutter Marias, hält in matriarchalischer Würde Maria und das Jesuskind auf dem Schoß. Anschließend führt ein Portal [23] zu einer mittelalterlichen, mit Kamin ausgestatteten Wärmekammer. Das spätromanisch-frühgotische Tympanon zeigt noch einmal den allegorischen Weinstock mit den Reben, Christus und die Glaubenden symbolisierend; in den Bogenwülsten sind das Abhauen der unnützen Triebe und das Sammeln der guten Frucht (Joh. 15) dargestellt.

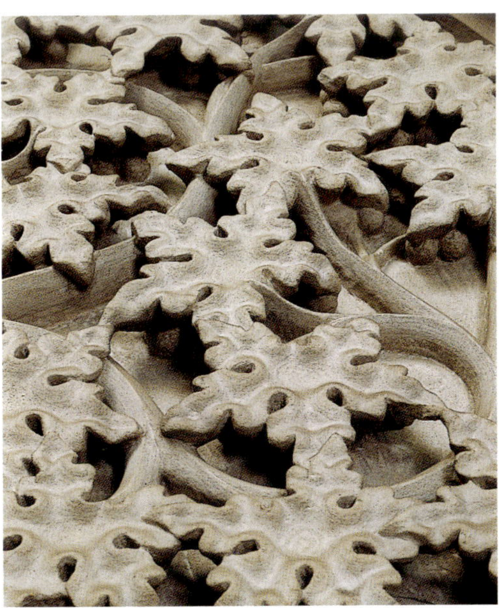

Tympanon mit Weinstock über der Tür zur Großen Sakristei

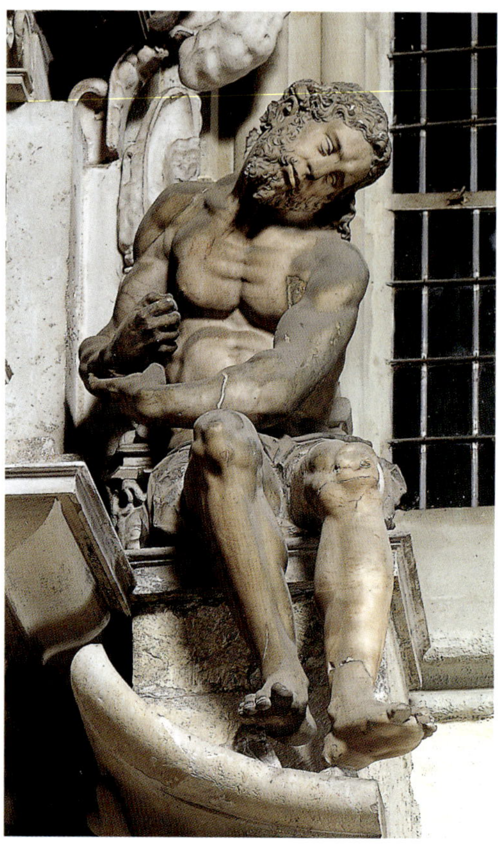

Christus als Schmerzensmann aus dem Epitaph für Christian von Hopkorf († 1599) von Christoph Dehne

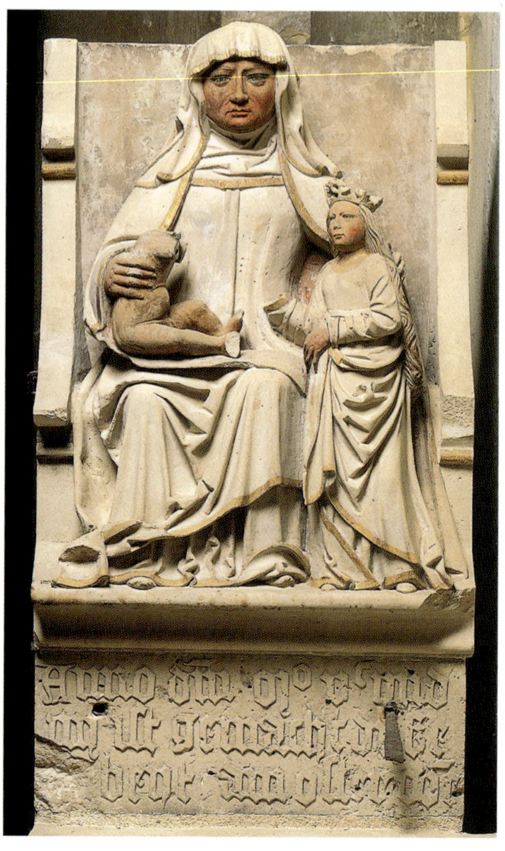

Anna Selbdritt, Sandsteinretabel von 1504

Im zweiten Joch des NÖRDLICHEN SEITEN-SCHIFFS [E] sind – neben einem sehr alten Grabstein mit umlaufendem Flechtband aus dem 12./13. Jahrhundert – vier HOLZTAFELN [24] mit Paradiesdarstellungen aus der ersten Hälfte des 17. Jahrhunderts, Teile von Holztüren, die einst die Paradiespforte am Nordquerhaus verschlossen, angebracht. Im nächsten Joch befindet sich eine schöne Darstellung der HEILIGEN SIPPE [25], um 1520 mit Anklängen an die Schule Riemenschneiders geschaffen. Im Zentrum steht wieder eine Anna-Selbdritt-Gruppe, umgeben von den drei Ehemännern Annas, Joachim, Kleophas und Salomas, ihren beiden weiteren Töchtern Maria Kleophas und Maria Salome, den drei Schwiegersöhnen Joseph, Alphäus und Zebe-däus sowie den sieben Enkelkindern, wobei Maria und das Jesuskind die Mitte bilden.

Im fünften Joch sind ebenerdig zwei qualitätvolle Epitaphien des Bildhauers Hans Klintzsch aus der Renaissancezeit zu sehen. Der Kanzel schräg gegenüber befindet sich das EPITAPH FÜR DEN DOMHERREN JOHANN VON BOTHMAR (†1592) [26], der die Magdeburger Domkanzel stiftete. Das Hauptrelief hinter der Darstellung des Verstorbenen zeigt Christus als Lebensbrunnen (Offb. 22), die Seitenreliefs die Kreuzigung und Auferstehung. Im Giebelrelief thront Gottvater mit der Weltkugel. Die ebenerdigen Sockelreliefs zeigen den (im 19. Jahrhundert erneuerten) Mauritius mit dem römischen Legionsadler und die Enthauptung der hl. Katharina. Benachbart steht das EPITAPH DES

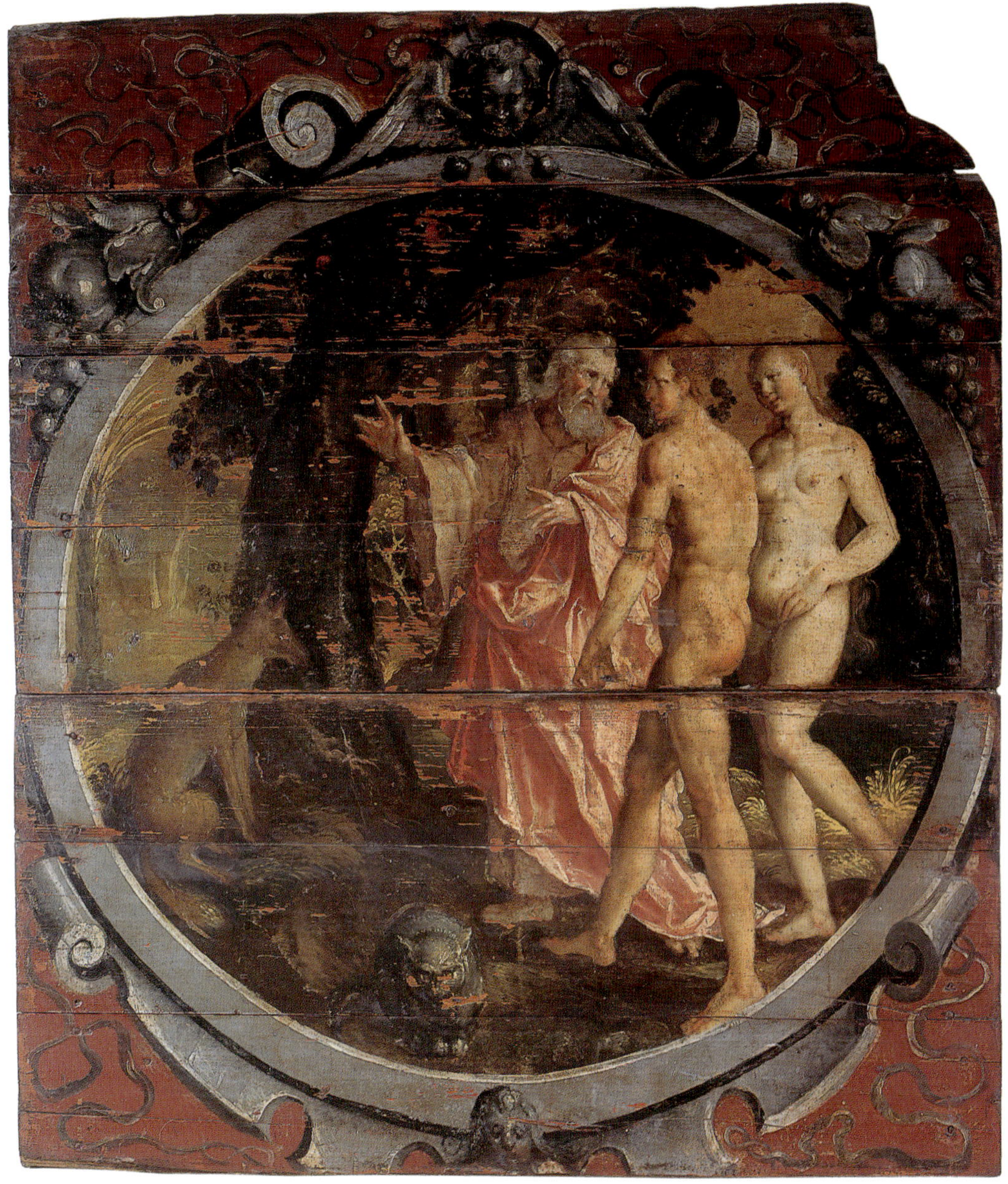

Holztafel mit Paradiesdarstellung aus der ersten Hälfte des 17. Jahrhunderts

DOMHERREN LEVIN VON DER SCHULENBURG (†1587) [27], der in der Stadt- und Reichspolitik eine bedeutende Rolle spielte und im Konflikt zwischen der schon reformatorischen Stadt und dem noch bis 1567 katholischen Domkapi-tel vermittelte. Hinter den Figuren des Stifters und seiner Frau Fredeke von Alvensleben zeigt das über zwei Geschosse reichende Hauptfeld die figurenreiche Kreuzigung Jesu, in den Seitenreliefs sind, wie auch später am GRAB-

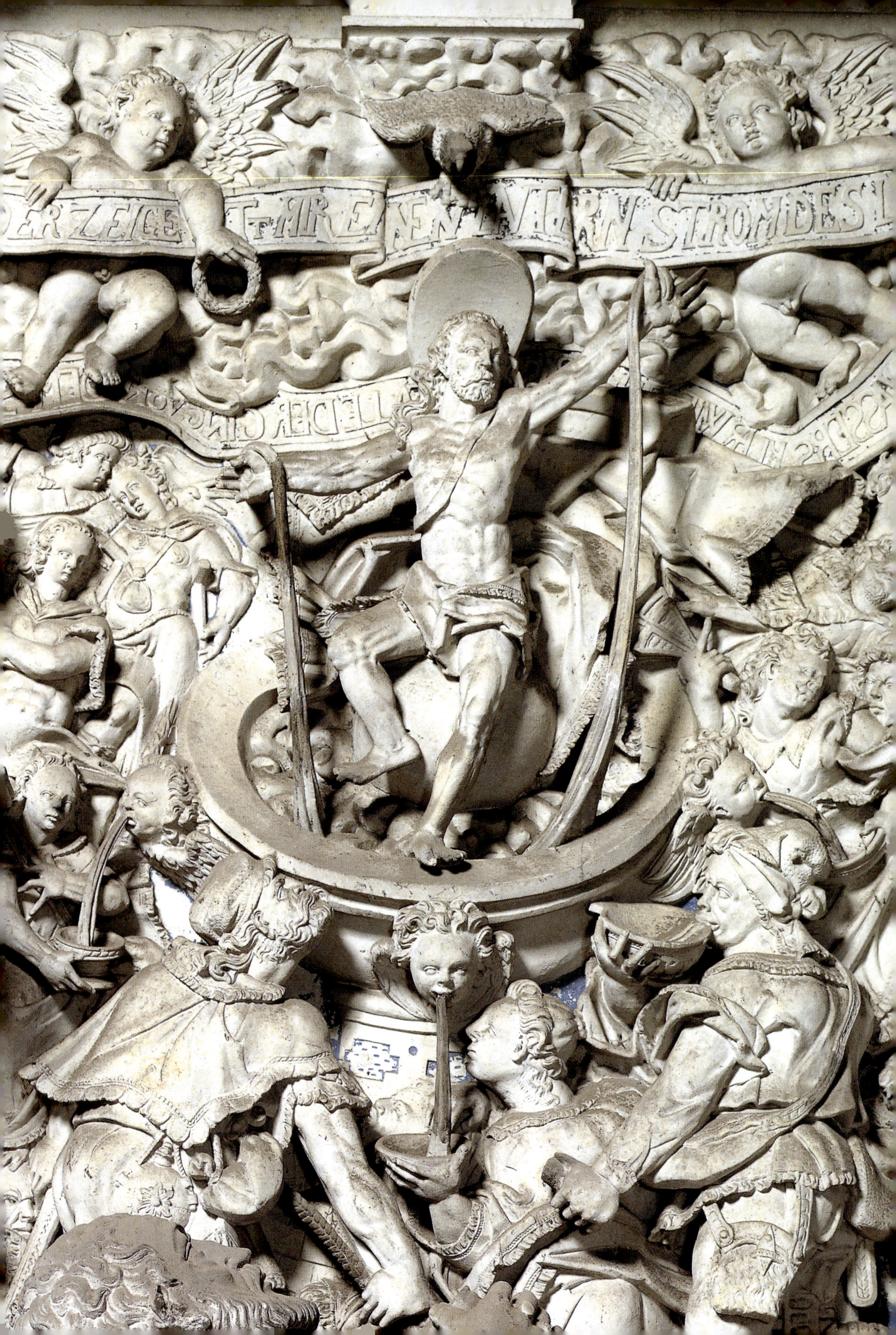
ER ZEIGET MIRE NEN VACRM STRODES
LLE DER CIRCVOT

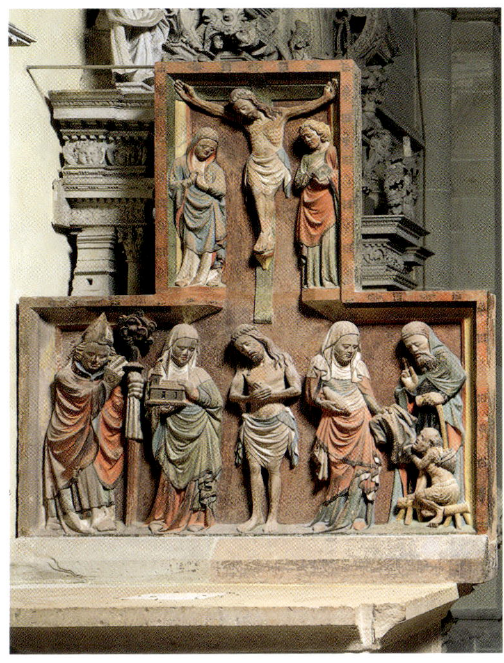

Elisabethaltar, um 1360

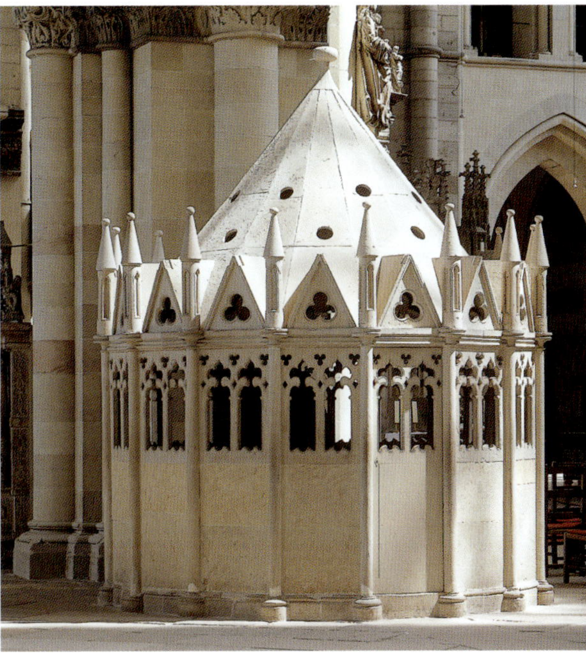

Die Heilig-Grab-Kapelle, um 1250, gehörte zur ehemaligen Chorschranke des Domes.

MAL VON ERNST VON MANDELSLOH [17], die Opferung Isaaks und die Erhöhung der ehernen Schlange dargestellt, dazwischen die Dompatrone. Die Sockelbilder zeigen den Sündenfall und die Vertreibung aus dem Paradies (1. Mose 3).

Der zwischen den beiden Epitaphien erhaltene NEBENALTAR [28] ist der HL. ELISABETH VON THÜRINGEN geweiht; einer der fünf Altäre, die die Magdeburger Bürger als Sühne für die Ermordung des Erzbischofes Burchard III. (1307–1325) stiften mussten. Das Retabel aus rotem Sandstein entstand um 1360. Im oberen Feld ist der Gekreuzigte zwischen Maria und Johannes dargestellt, darunter Christus als Schmerzensmann mit den Wundmalen zwischen der hl. Elisabeth, die einem Krüppel Brot reicht, und einem Bettelmönch (hl. Franziskus?) rechts und der hl. Hedwig mit Kirchenmodell und einem Bischof (hl. Nikolaus?) links. Letzterer trägt Porträtzüge des Erzbischofs Otto von Hessen, der ein Urenkel der hl. Elisabeth war und dem die Magdeburger durch

seine Fürsprache beim Papst die Lösung vom Bann verdankten (vgl. Ottos GRABPLATTE [66]).

Im Langhaus neben dem Kanzelpfeiler befindet sich die HEILIG-GRAB-KAPELLE [29]. Sie entstand um 1250 und gehörte zu der ehemaligen Chorschranke des Domes, die vor dem Neubau des Lettners 1445 bis hierher reichte. Die sechzehneckige Rotunde geht in ihrer Form auf mittelalterliche Ziborien zur Aufbewahrung der Hostie zurück und war Vorbild für die Heilig-Grab-Kapelle in der Mauritiusrotunde des Konstanzer Domes. Über der Tür stehen, kaum noch lesbar, auf lateinisch die Worte Christi: »Ich bin die Tür zum Himmel, verschließe sie keinem Gläubigen«. Das Zeltdach mit den Lichtöffnungen symbolisiert den Himmel und die Auferstehung; die Lilienfenster nehmen die Kaisertradition des Magdeburger Domes auf. Das Herrscherpaar im Inneren gehört nicht zur ursprünglichen Ausstattung und wurde frühestens im 14. Jahrhundert hineingestellt. Es eröffnet die Reihe der bedeutenden frühgotischen Plastiken im Dom. Nach einer volkstüm-

Epitaph für den Domherren Johann von Bothmar († 1592). Das Hauptrelief zeigt Christus als Lebensbrunnen.

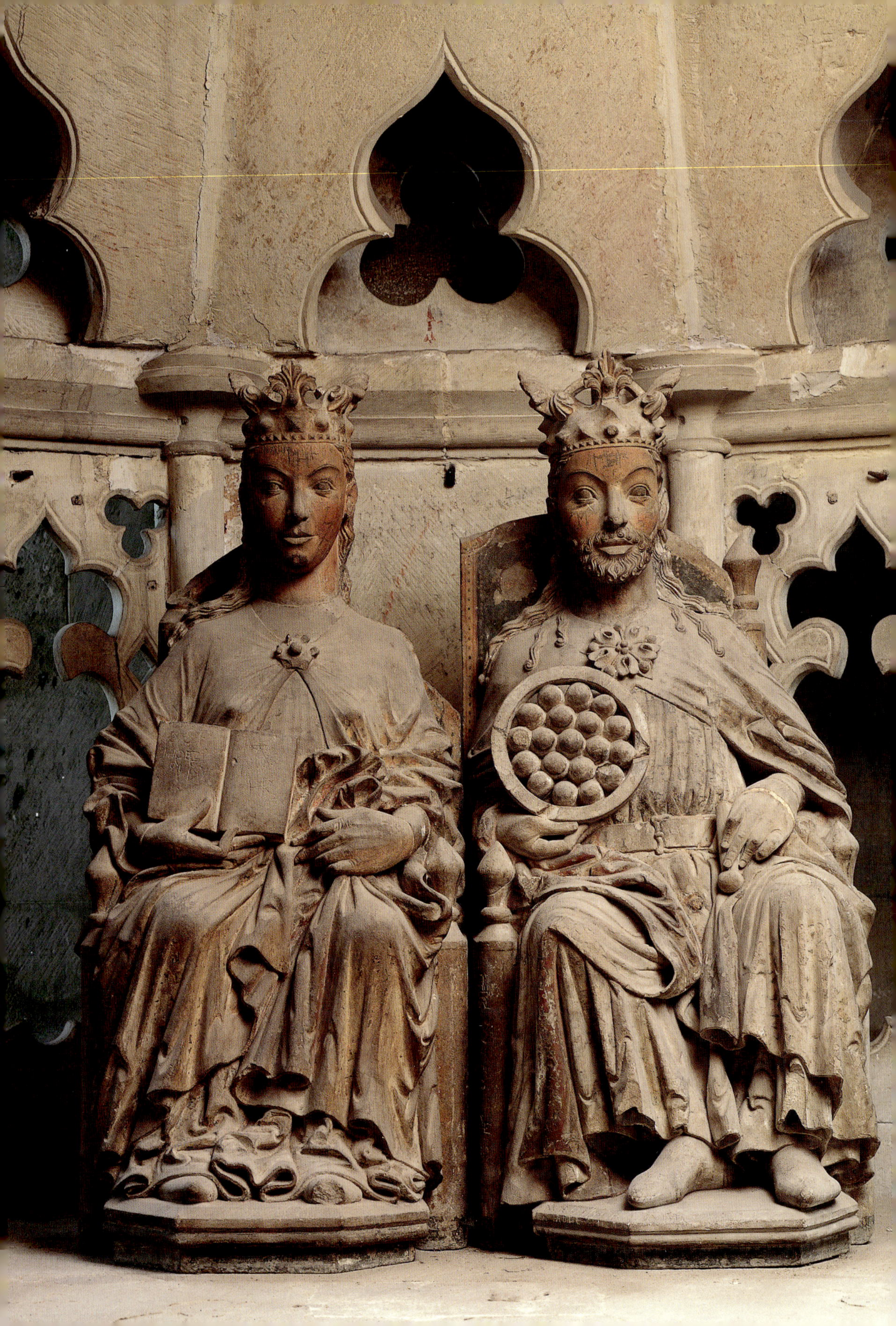

lichen Magdeburger Deutung wird das Paar seit jeher als das Stifterpaar Kaiser Otto (mit den 19 Tonnen Gold in der Hand, die er dem Erzbistum stiftete) und Königin Editha (mit der Hl. Schrift als Zeichen ihrer Frömmigkeit) angesehen. Die Kunstgeschichte sieht in dem Paar auch das himmlische Herrscherpaar Christus (mit der ehemals farbigen Himmelssphäre der 7 Planeten und 12 Tierkreiszeichen) und die Kirche als seine Braut (mit dem Buch der Lehre) bzw. eine Marienkrönung. Zur Entstehungszeit mit der Endkaiser-Erwartung unter Friedrich II. könnten beide Deutungen auch einander durchdrungen haben.

Die spätgotische MONDSICHELMADONNA [30] vom Anfang des 16. Jahrhunderts auf einer filigranen Sandsteinkonsole am Kanzelpfeiler war in der vorreformatorischen Kirche die wichtigste Andachtsfigur und stand im Zentrum der versammelten Gemeinde.

Die RENAISSANCEKANZEL [31], 1595 bis 1597 von Christoph Kapup aus Nordhäuser Alabaster geschaffen, verkörpert hingegen ein bewusst reformatorisches Bilderprogramm. Reliefs und Skulpturen gehören zu den besten Arbeiten der deutschen Spätrenaissance. Das Zentrum ist Christus in der Brüstung des Kanzelkorbes als *Salvator mundi* (»Erlöser der Welt«), dessen Leben in kleinen Bildern am Boden des Kanzelkorbes sowie an der Kanzeltür dargestellt ist. Zu ihm führt die alttestamentliche Linie in den Reliefs der Kanzeltreppe (Schöpfung, Sündenfall und Sintflut in meisterlichen Darstellungen) und von der anderen Seite Johannes der Täufer als letzter Prophet des Alten Bundes. Von Christus zeugen die ihn umgebenden Evangelisten, die beiden Dompatrone und der Kanzelträger Paulus, dessen Schwert eine alte Kreuzfahrerklinge sein soll. Der Schalldeckel zeigt mit Glaube und Tugend das Ziel der christlichen Predigt (Darstellung der Trinität in der Laterne, umgeben von den christlichen Tugenden Glaube, Liebe, Hoffnung, Selbsterkenntnis, Tatkraft und Mäßigung). Krönender Abschluss ist der Mauritiusadler (vgl. die Darstellung im Wappenschild neben der Christusfigur). Am Fuß der Kanzeltür ist die Totenmaske des ersten evan-

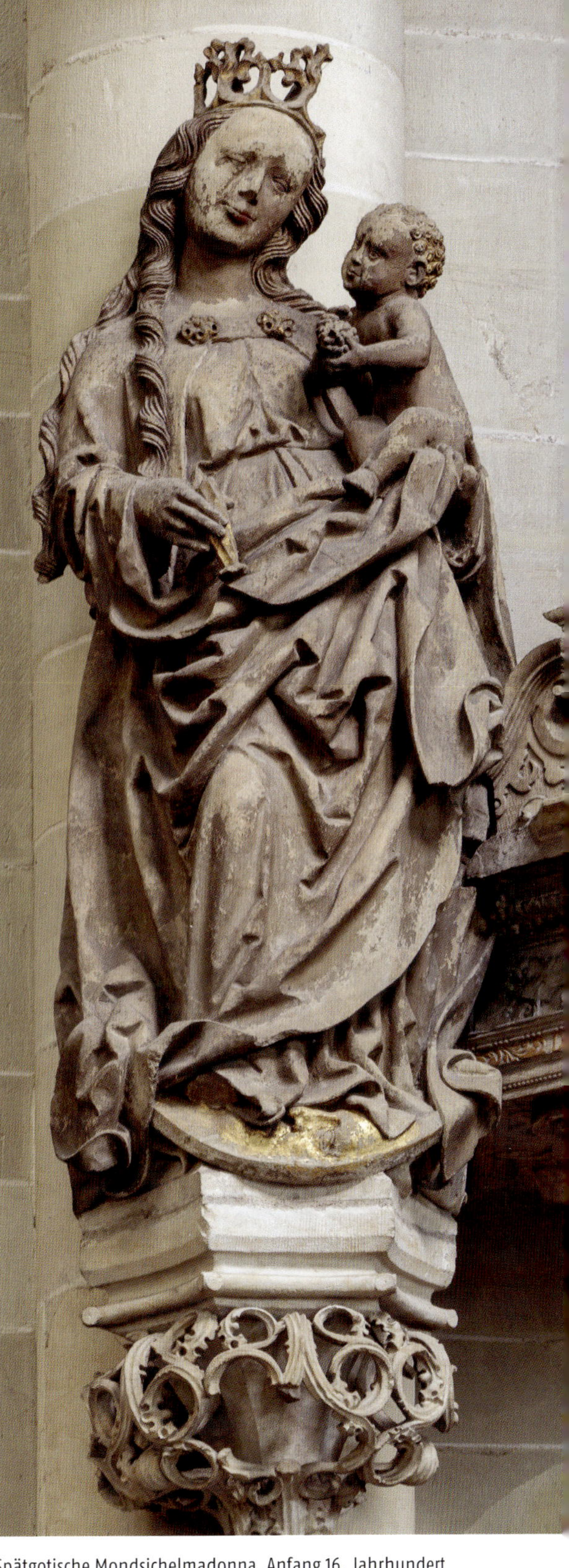

Spätgotische Mondsichelmadonna, Anfang 16. Jahrhundert

Herrscherpaar in der Heilig-Grab-Kapelle, gedeutet als Königin Editha und Kaiser Otto

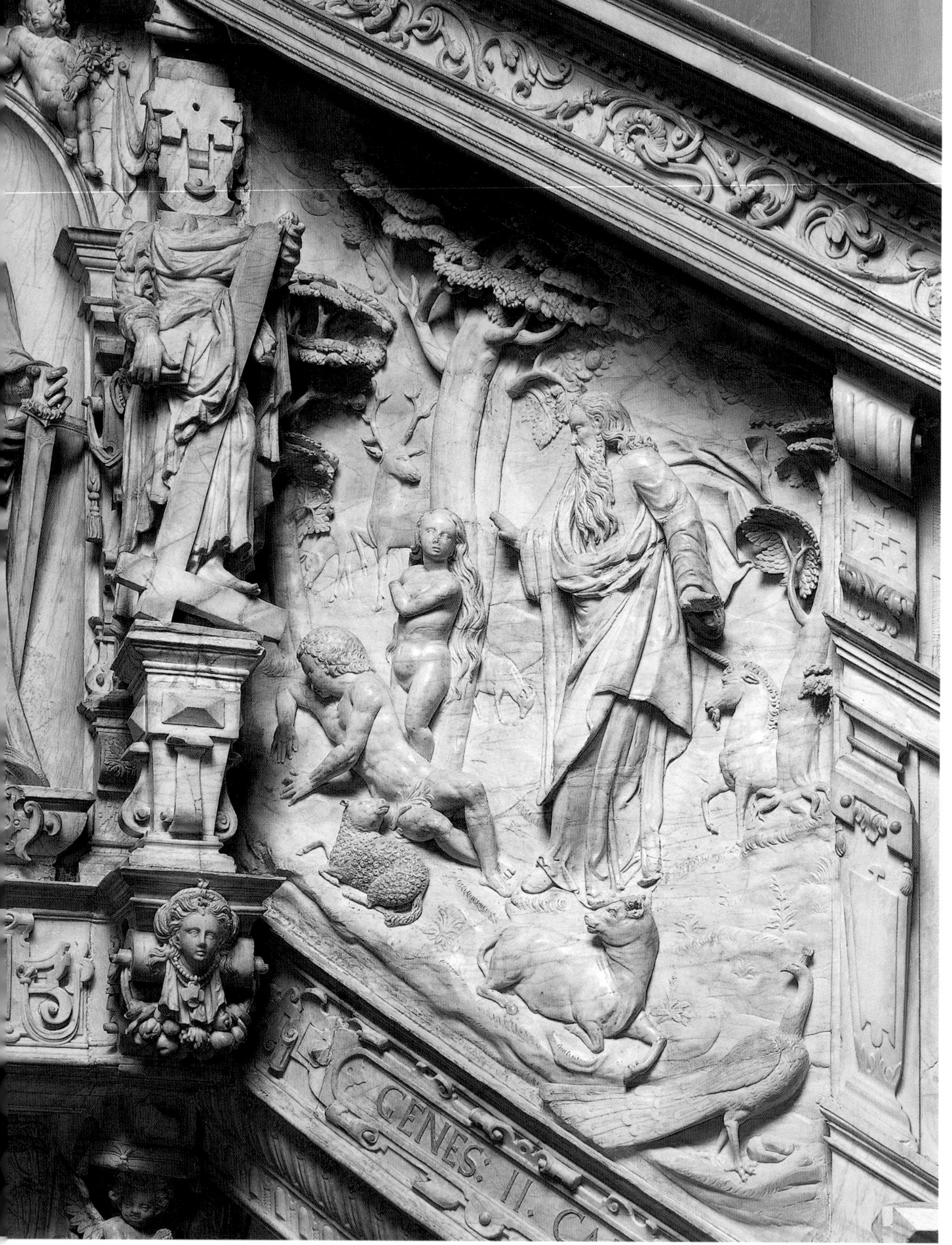

Schöpfung, Relief an der Treppe der Renaissancekanzel von Christoph Kapup 1595–1597

46

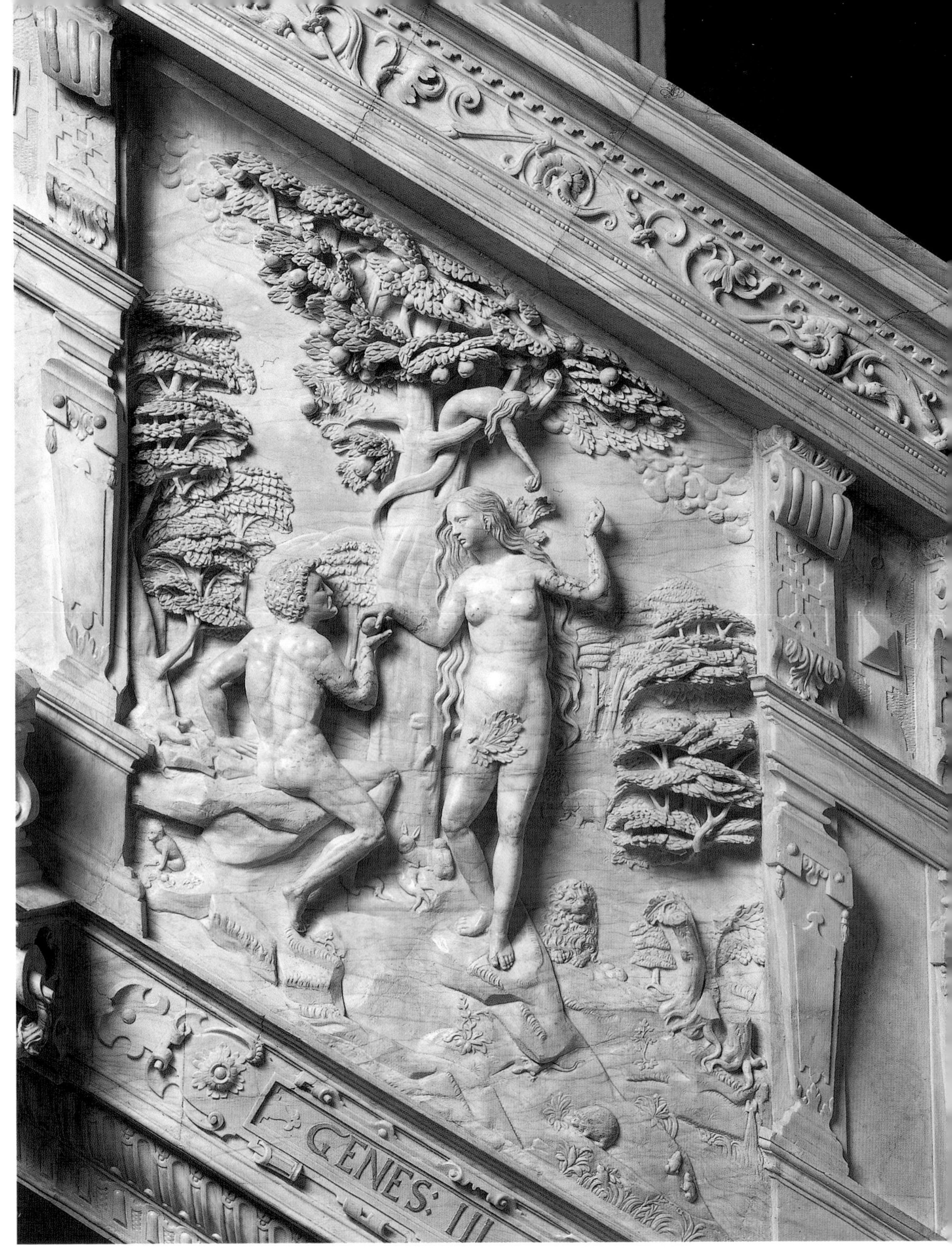

Sündenfall, Relief an der Kanzeltreppe

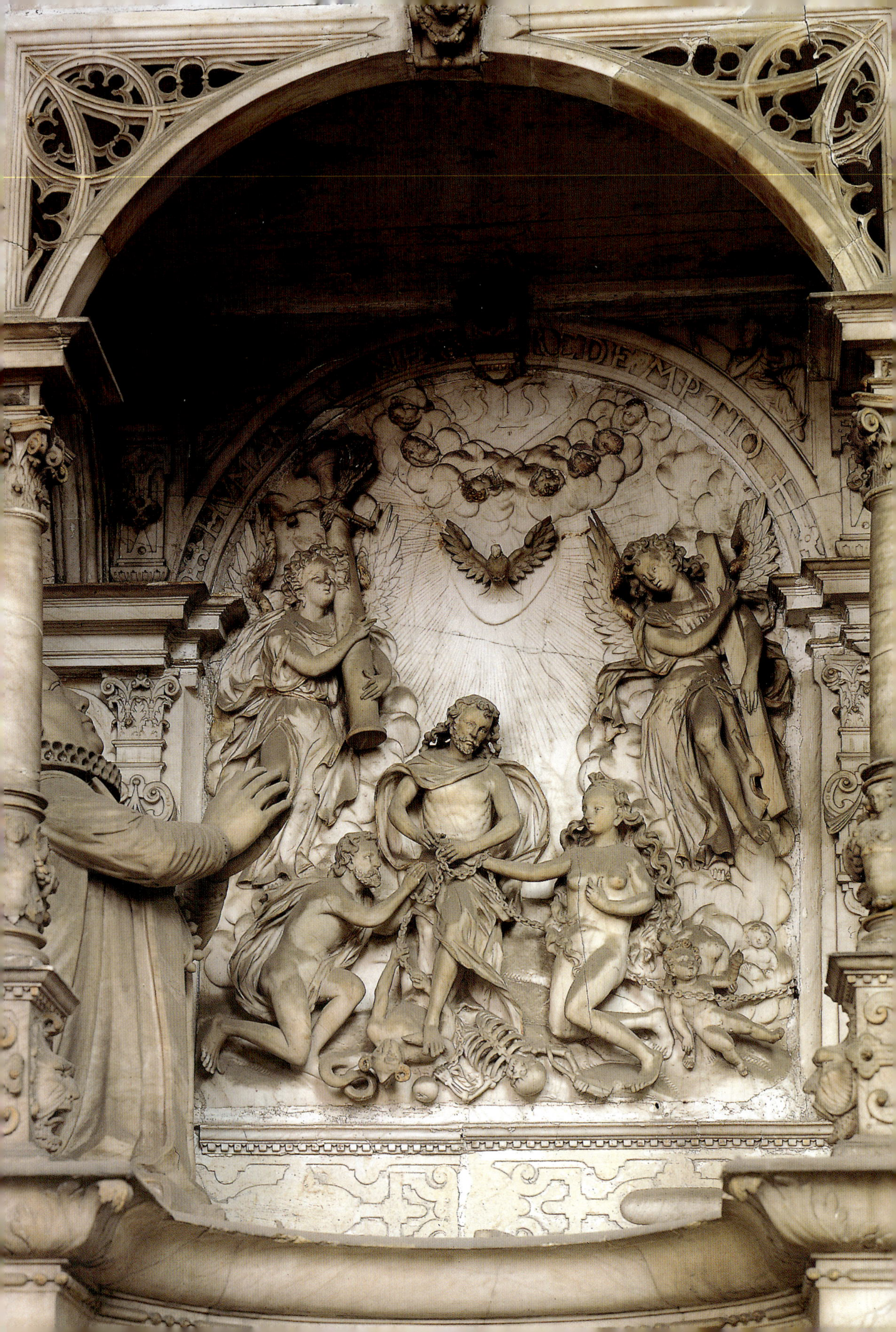
REDEMPTIO
1555

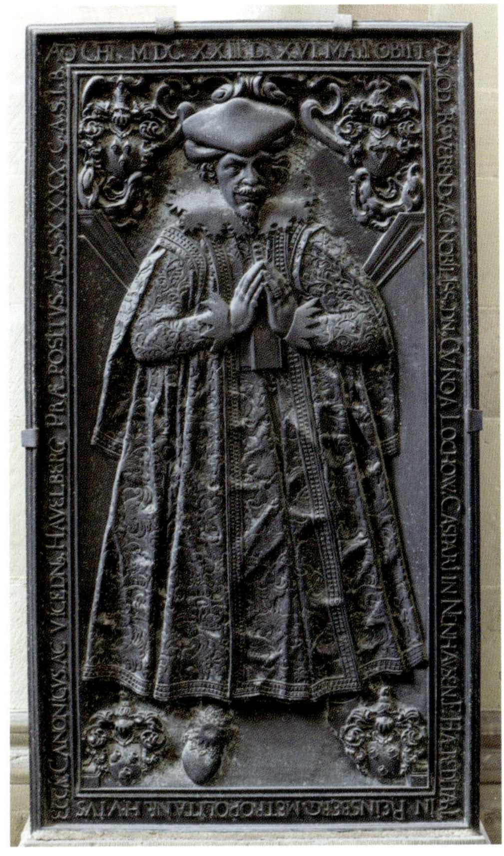

Bronzegrabplatte für Ludwig von Lochow von Christoph Dehne am nordwestlichen Vierungspfeiler

und seiner Auferstehung, der Aufsatz die Himmelfahrt. Eine dazu gehörige BRONZEGRABPLATTE [33] wurde nach dem Tod des Domherren von Christoph Dehne geschaffen und steht an der Ostseite des Vierungspfeilers.

Am gegenüber liegenden, SÜDWESTLICHEN VIERUNGSPFEILER [34] weisen einige Stücke auf die wechselvolle Domgeschichte hin: Der hölzerne ABLASSKASTEN (»Tetzeltruhe«) soll von dem Dominikaner Johann Tetzel im Erzbistum Magdeburg zum Ablasshandel benutzt worden sein, der den Anlass für Martin Luthers 95 Thesen und den Beginn der Reformation gab. Die sogenannte »BLAUE TAFEL« (entgegen der Überlieferung 1998 schwarz restauriert) weist auf die Einführung der Reformation nach langer Verweigerung des Domkapitels hin: »Anno Domini 1567 am 1. Sonntag des Advents ist die Predigt des heiligen Evangelii und die Reichung der Heiligen Hochwürdigen Sakramenten nach der Einsetzung des Herrn Christi in dieser Stiftskirchen wiederum angefangen.« Darunter erinnert eine INSCHRIFT an die große Domrestaurierung von 1825 bis 1834 durch die maßgebliche Förderung des preußischen Kö-

gelischen Dompredigers, Dr. Siegfried Sack, angebracht.

Am nordwestlichen Vierungspfeiler befindet sich das bedeutende EPITAPH DES DOMHERREN LUDWIG VON LOCHOW (†1616) [32], das der Schüler Christoph Kapups, Sebastian Ertle, schuf. Unter Ludwig von Lochows Dekanat wurde der Dom mit einem großen Uhrwerk, einer Mauritiusglocke, der Kanzel und der großen Compeniusorgel ausgestattet. Das Hängeepitaph zeigt in dem bühnenartigen Baldachinraum neben der Figur des Verstorbenen die Erlösung des Menschengeschlechts (Christus löst Adam und Eva die Fesseln des Todes und zertritt die Schlange), die Seitenreliefs sind Darstellungen der Grablegung Jesu

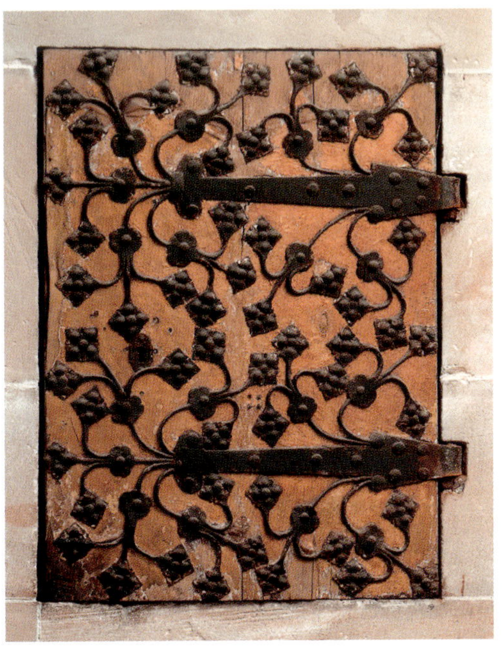

Sakramentstür am südwestlichen Vierungspfeiler

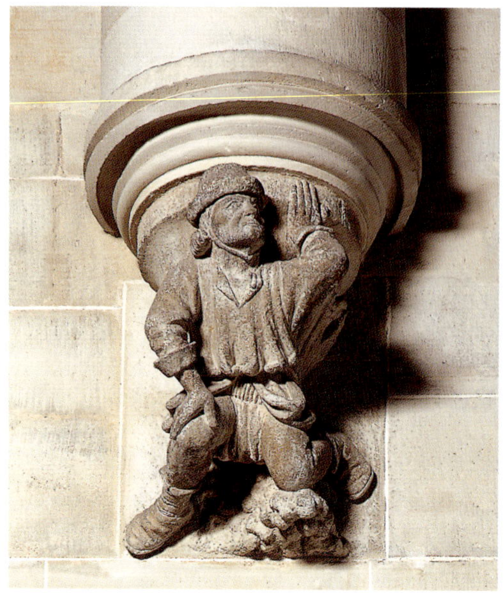

Konsole am Dienst des Vierungspfeilers mit Darstellung des Baumeisters Bonensack

Den Abschluss des Mittelschiffs bildet der 1445 bis 1451 geschaffene LETTNER [36], der den mittelalterlichen Laienraum vom Hohen Chor als Sanktuarium und Raum des Domkapitels für Stundengebet und Messfeier trennte. Die durchbrochenen, vergoldeten Gittertüren gewährten jedoch auch der versammelten Gemeinde einen Einblick in das »Allerheiligste« mit den Heiltümern der Reliquien und des Kaisergrabes. Die vorkragende Lesekanzel des Lettners (Lektorium) diente schon vor der Reformation Lesungen und Volkspredigten, auf der Balustrade sangen die Scholaren die Liturgie. Der Altar zwischen den Lettnertüren ist der Kreuz- oder Blutaltar des Domes, an dem in der Messfeier die Hostien an die Gemeinde ausgeteilt wurden. Vor der Reformation wurde in der Messfeier der Kelch nicht dem Volk gereicht. Er wurde in der sogenannten ›Augenkommunion‹ von den Gläubigen aufgenommen: Sie sahen seine Darstellung im Kreuzigungsbild des Altars, wo Engel das Blut aus den

nigs Friedrich Wilhelm III. Hinter der gotischen, schreinbeschlagenen und vergoldeten SAKRAMENTSTÜR waren im Mittelalter Altargeräte für den Kreuzaltar verschlossen. Der eiserne Ringanker wurde im 19. Jahrhundert um den Vierungspfeiler gelegt, als dieser bei dem Versuch, den Domfelsen in der Fahrrinne der Elbe freizusprengen, riss. Noch darüber sieht man unter dem Dienst das BILDNIS EINES BAUMEISTERS, das früher den Namen »Bonensack« trug. Möglicherweise ist er der Erbauer des Querschiffs und beginnenden Langschiffs.

Der KATHARINENALTAR [35] von 1311 im Mittelschiff bildet heute mit der Kanzel das nachreformatorische liturgische Zentrum des Domes. Die beiden Bildtafeln aus Lindenholz sind 2009 von der Künstlerin Franca Bartholomäi gestaltet worden. Sie zeigen die Namenspatrone des Domes, die Heiligen Mauritius und Katharina, in zeitgemäßer künstlerischer Gestaltung. Ursprünglich stand der Altar zusammen mit dem Taufstein im westlichen Mittelschiff und wurde erst zur Wiedereinweihung des Domes 1955 an seinen heutigen Platz versetzt.

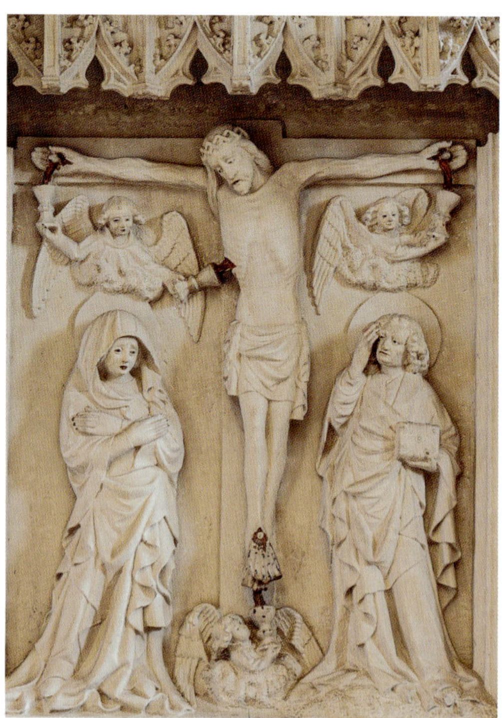

Kreuzigungsrelief auf dem Retabel des Kreuz- oder Blutaltars am Lettner

Der Lettner, 1445–1451 entstanden, trennt den Hohen Chor vom Kirchenschiff.

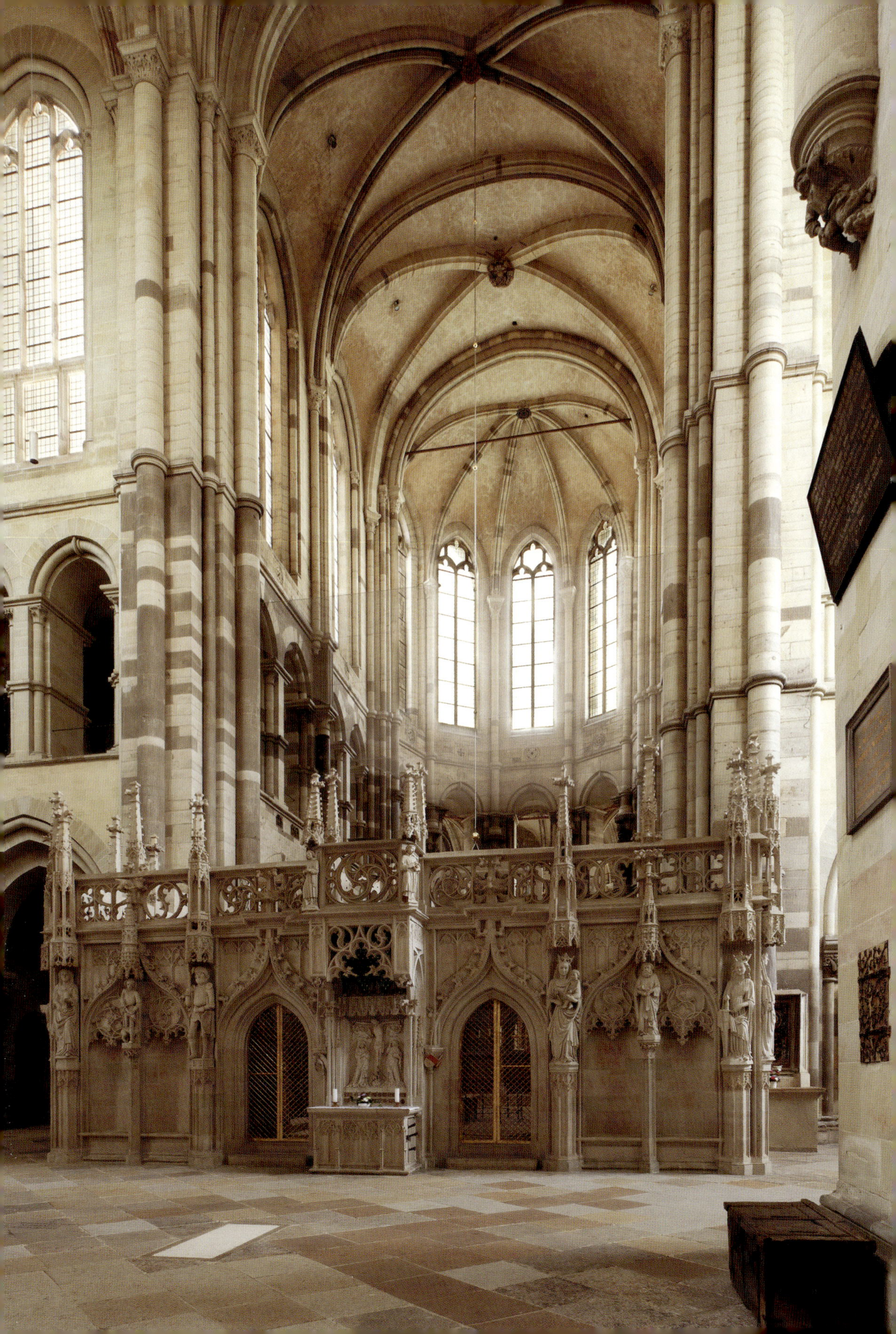

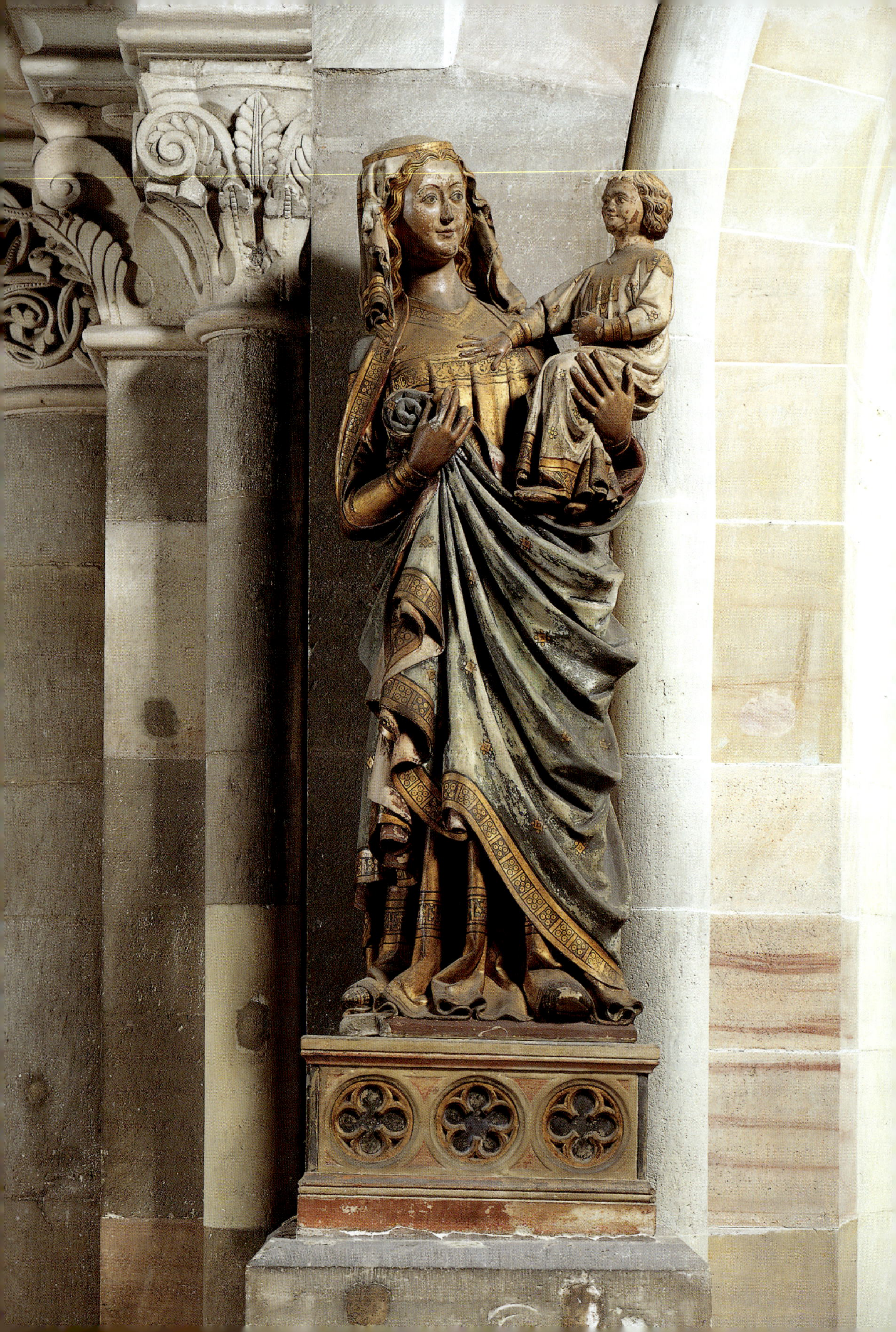

Wundmalen Christi in Kelchen auffangen. Neben reichem Maßwerk und Kielbögen zeigt der Lettner eine große Zahl von Heiligenfiguren als Leitbilder auf dem christlichen Lebensweg. An der Vorderseite von links nach rechts: Maria Magdalena mit der Salbenbüchse, der Drachentöter Georg (ebenfalls mit einer Kreuzfahrerklinge?), Mauritius, Maria mit dem Jesuskind, der Apostel Jakobus und Katharina mit Schwert und Rad (abgebrochen); auf der Nordseite: Paulus mit dem Schwert, Ludolf und der Apostel Bartholomäus mit dem Messer, dem der darunter stehende Altar geweiht ist; auf der Südseite: Dorothea, der ein Kind Blumen reicht, Bischof Nikolaus und der Apostel Petrus mit den Schlüsseln. Am Lektorium über dem Altar sind die Schutzpatrone der Bistümer Halberstadt und Merseburg, Stephanus und Laurentius, angebracht; die weiteren Bistümer des Erzstifts sind am Treppenaufgang durch Wappen vertreten.

Im Querhaus

Einst zogen die Domherren aus der Klausur durch das PORTAL [37] im SÜDARM DES QUERHAUSES [F] in den Dom ein. Links neben dieser Tür erinnert ein BRONZEEPITAPH von Christoph Dehne an den DOMHERREN CUNO VON LOCHOW (†1623) [38]. Das Hauptrelief zeigt die Grablegung Jesu, der Aufsatz die Ohnmacht Marias, umgeben von den Evangelistenfiguren. Daneben ist eine MARIENKRÖNUNG [39] aus dem zweiten Viertel des 13. Jahrhunderts mit einem das himmlische Jerusalem darstellenden Baldachin zu sehen. Maria steht hier als Überwinderin auf einem gekrönten Herrscher.

Die kleinen Köpfe und Büsten um die Fensteröffnung zur MAGDALENENKAPELLE [40] und in dem unsymmetrisch angebrachten Fenstergesims erscheinen rätselhaft. Der Kunsthistoriker Hanftmann erkannte darin die vier Haupttugenden und die im als Gefängnis gedachten Fegefeuer schmachtenden Übertreter der zehn Gebote.

Auf einem hohen Sockel steht die sogenannte WUNDERTÄTIGE MADONNA (um 1300)

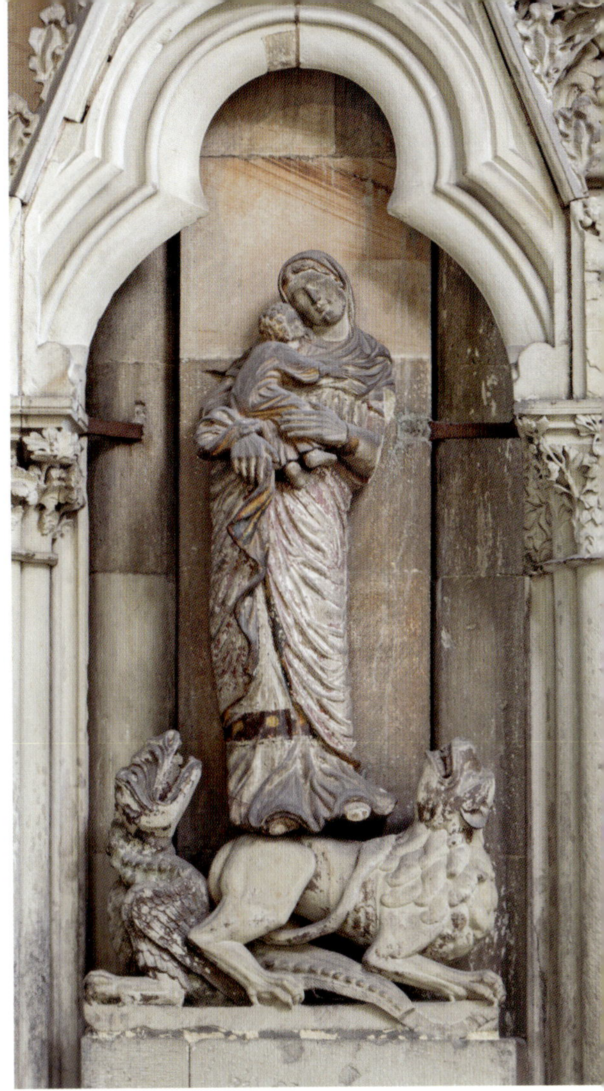

Frühgotische Marmormadonna

[41], heute Ort des evangelischen Mariengedenkens. Der schwere Stoff ihres gerafften Gewandes wirft tiefe Schüsselfalten. Das Jesuskind, das sich selbstbewusst von der Mutter abstützt, wird von ihr wie auf einem Thron präsentiert. Die Farbgebung der Skulptur wurde im 19. Jahrhundert erneuert.

Im gegenüberliegenden NORDQUERHAUS [G] steht als Pendant zur Wundertätigen Madonna die MARMORMADONNA [42]. Das frühgotische Werk wird deshalb so genannt, weil es aus einem Säulenschaft der Spolien Kaiser Ottos gearbeitet wurde. Basilisk und Löwe, auf die sie gestellt worden ist, sind aus Sandstein wie auch die sie umrahmende Architektur. Die Stücke gehörten ursprünglich nicht zusammen.

Die Atmosphäre des Raumes beherrscht das MAGDEBURGER MAL [43] von Ernst Barlach. Es wurde 1929 aus drei Eichenstämmen für diesen Standort geschaffen. Bereits bei seiner Aufstellung in der Domgemeinde umstritten und in der Öffentlichkeit verfemt, wurde es 1934, nach der Machtübernahme der Nationalsozialisten, auf Antrag des Domgemeindekirchenrates entfernt und im Keller der Berliner Nationalgalerie magaziniert. Nach dem Tode Barlachs gelangte es zurück in das Atelier des Künstlers in Güstrow und überstand dort die Zeit des Zweiten Weltkrieges. Die Neubesinnung der Domgemeinde begann bereits 1937. Durch ihr Bemühen kam es 1955 wieder auf seinen ursprünglichen Platz im Magdeburger Dom. Über kein anderes seiner Werke hat sich Barlach so ausführlich geäußert: »Mein größtes und … verantwortungsvollstes Holzbildwerk ist aus einer realistischen Bildvorstellung erwachsen … Ein zusammengedrängtes Häuflein Kämpfer über einem Gräberfeld. Da sind Tote, Niedergebrochene und Standhaltende. Das Ganze ist in Anpassung an die Konche als Aufstellungsort geordnet. Es fügt sich mit der abschließenden Bogenform dem Verlauf der Umrahmung an, zugleich ist die Gliederung eines dreiteiligen Bogenfensters angestrebt. Im Verlauf der Arbeit steigerten sich die unteren Gestalten ins Symbolhafte, die oberen wurden zu Typen. Zuerst als zwischen die Kämpfer gestelltes Grabkreuz gedacht, wurde das Kreuz Zeichen der Opferwilligkeit, des Haltens an Begriffe, die zur Hingabe an überpersönliche Zwecke mahnen. Seine Form ist mir als Künstler höchst bedeutend, ohne einseitige Deutung zu beanspruchen.« Seit Anfang der 8oer Jahre ist Barlachs Mahnmal Treffpunkt für die wöchentlichen Friedensgebete. Die Friedenskerzen wurden im Herbst 1989 ein Zeichen der Gewaltfreiheit in den Gebeten und Demonstrationen für die gesellschaftliche Erneuerung in der DDR, die in Magdeburg vom Dom ausgingen.

An der Westwand des Nordquerhauses hängt über dem Corpus-Christi-Altar an einer Kette der UNTERKIEFERKNOCHEN EINES WALES [44], die letzte verbliebene mittelalterliche Reliquie des Domes, die neben anderen nach der Reformationszeit als Kuriosität gezeigt wurde. Sie soll der Überlieferung nach von einem Anfang des 16. Jahrhundert an der Nordseeküste angeschwemmten Wal stammen, in dem man eben jenen sah, der den Propheten Jonas verschlungen hat.

In der Nordwand führt eine Tür zur PARADIESVORHALLE [J]. Rechts davon hängt das schöne ALABASTEREPITAPH FÜR DEN DOMHERREN WICHARD VON BREDOW († 1610) [45], bereits 1601 von Sebastian Ertle gefertigt, das der Prototyp für eine von Magdeburg ausgehende stilistische Entwicklung der Epitaphiengestaltung wurde. Die Stifterfigur kniet vor einem kleinen Betpult (Kruzifix ersetzt). Das Hauptrelief zeigt eine Erlösungsallegorie: Der Sündenfall und die zehn Gebote unter dem Lamm mit dem Kreuz in den Wolken (im Hintergrund Golgatha); das Blut des Lammes wird im Erlöserbrunnen aufgefangen. Im Aufsatzrelief ist die Gethsemani-Szene, an den Seiten der Schmerzensmann und Johannes der Täufer zu sehen. Die Medaillons des Epitaphs zeigen die vier Evangelisten. Links neben der Tür ist die SANDSTEINGRABPLATTE FÜR ERZBISCHOF ALBRECHT VON QUERFURT (1383–1403) [46], der gleichzeitig Kanzler des Königs Wenzel war, mit einem Schalk als Wappenhalter.

Über der Tür auf einer schmalen Brüstung vor dem großen Nordquerhausfenster wurde 1969 von der Potsdamer Orgelbaufirma Alexander Schuke eine erweiterte CHORORGEL [47] in Form einer sogenannten »Schwalbennestorgel« errichtet. Mit 37 Registern, 3100 Pfeifen, drei Manualen und Pedal, Schleifladen und mechanischer Traktur vermag sie allerdings keineswegs den riesigen Raumkörper des Domes klanglich zu füllen und war von Anfang an nur als Kompromiss gedacht, bis die kriegszerstörte große Hauptorgel durch einen Neubau auf der Westempore ersetzt werden konnte. Diese Orgel, neuerdings »Paradiesorgel« genannt, wird auch weiterhin bei Andachten und Trauungen, die im Hohen Chor des Domes gehalten werden, gespielt.

Magdeburger Mal von Ernst Barlach, 1929

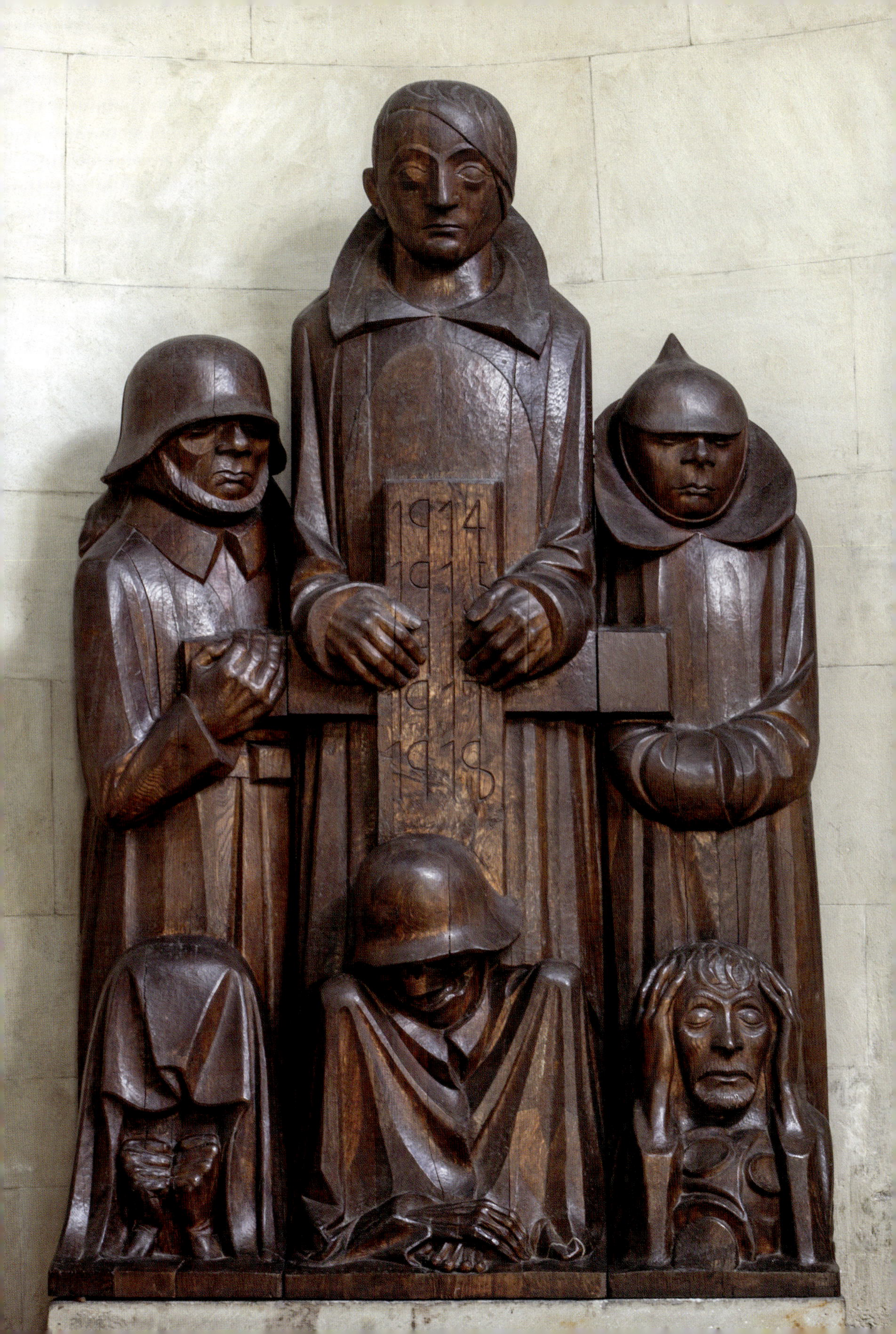
1914
1915
1918

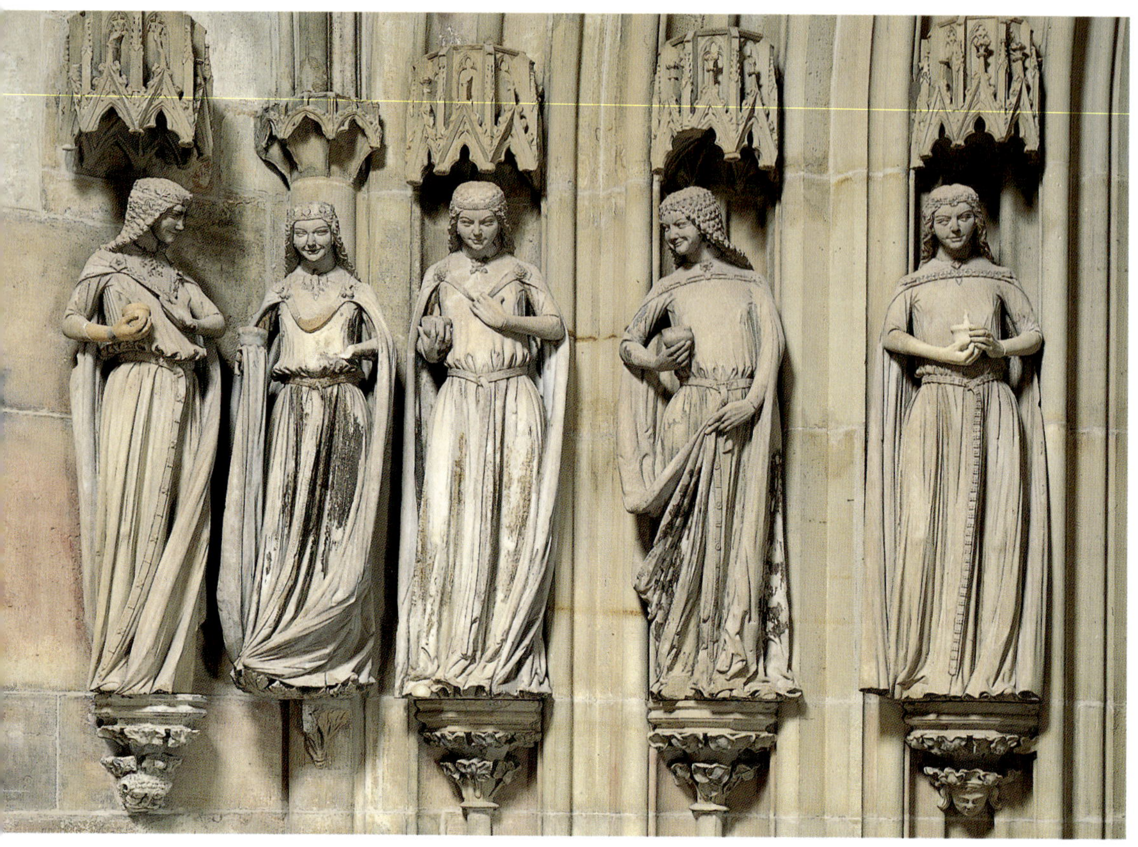

Die spätromanischen Skulpturen der Klugen (links) und Törichten Jungfrauen (rechts) in der Paradiesvorhalle entstanden um 1250.

In der Paradiesvorhalle

Die KLUGEN UND TÖRICHTEN JUNGFRAUEN [48] am Portalgewände der Paradiesvorhalle (um 1250) sind der berühmteste Skulpturenzyklus des Magdeburger Domes. Ursprünglich für einen anderen Platz geschaffen, wurden die Figuren erst nachträglich in das Gewände eingefügt. Der Darstellung liegt ein Gleichnis Jesu von den fünf klugen Brautjungfern zugrunde (Mt. 25), die den Bräutigam gut vorbereitet erwarten, um ihn festlich zum Hochzeitshaus zu geleiten, und den fünf anderen, die sich erst noch Öl für ihre Lampen besorgen müssen. Sie kommen zu spät und erhalten keinen Einlass mehr. Die Deutung sieht in dem Bräutigam Christus selbst und in der Hochzeit ein Sinnbild für das Leben bei Gott. Die Portalkonzeption

stellt dem Betrachter zwingend die Frage nach seiner Vorbereitung und den Verlust des ewigen Lebens als Warnung vor Augen. Der unbekannte, geniale Meister des 13. Jahrhunderts führt die Gegenüberstellung von Gewinn und Verlust bis ins letzte Detail vor. In der sorgfältigen Behandlung der Einzelheiten, der sicheren Beherrschung der bewegten Körper und in der Gestaltung des großen Affekts erweist er sich als einer der großartigsten Bildhauer des Mittelalters. Die Differenzierung seelischer Regungen ist bis ins Höchste gesteigert, die ganze Gefühlsskala von Freude und Schmerz auslotend. Die sich jeweils gegenüberstehenden Figuren, welche jeweils die gleichen Temperamente verkörpern, stehen ebenfalls in Beziehung zueinander: Höchste Verzweiflung über die verpasste Chance des Lebens steht dem strahlenden Lachen der Auserwählten gegenüber (jeweils

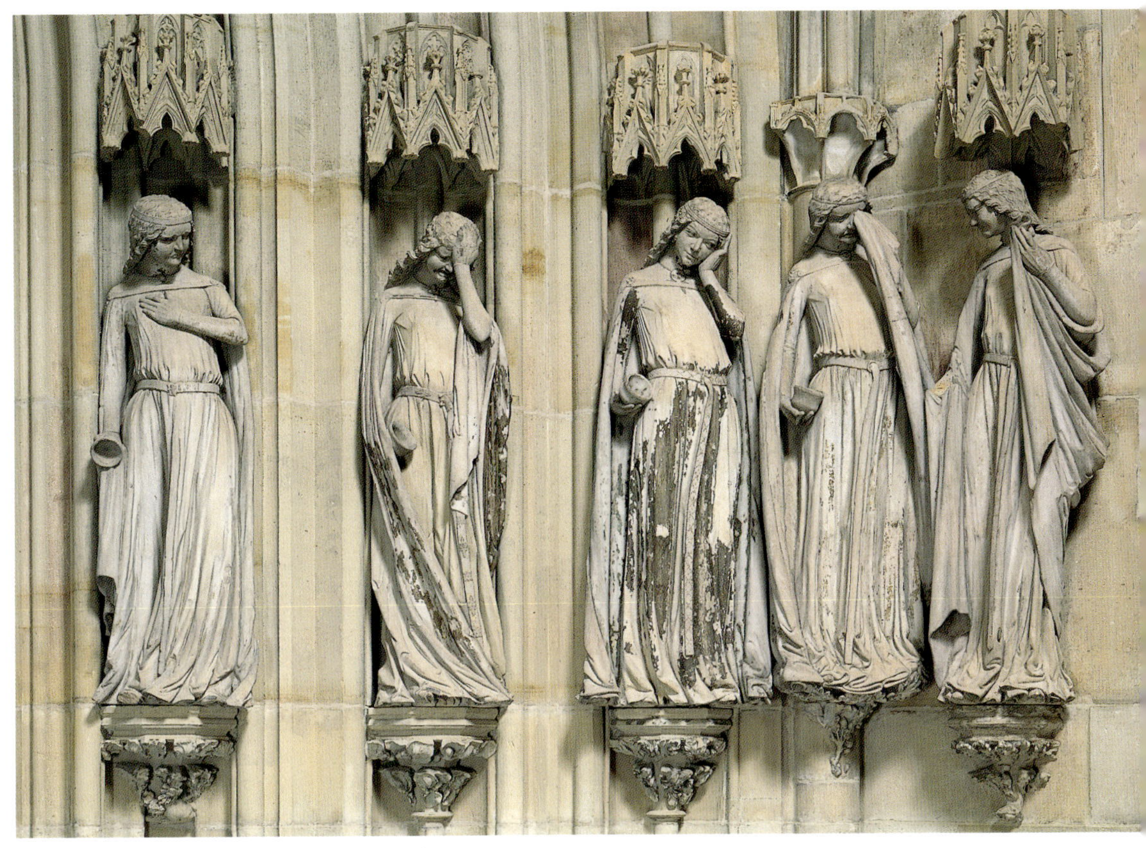

zweite von innen); traurigem Nachsinnen begegnet die stille, von innen kommende Freude über die Gnade Gottes, wie es bei den mittleren Figuren spürbar wird.

Von anderer Hand geschaffen, aber wohl von Anfang an dem Jungfrauenprogramm zugehörig, sind die Standbilder der ECCLESIA [49] als Anführerin der Klugen Jungfrauen und der SYNAGOGE [50] auf der Seite der Törichten, Personifikationen des Neuen und des Alten Bundes. Der Antijudaismus des Mittelalters wird auch in dieser provokanten Gegenüberstellung dieser beiden allegorischen Figuren deutlich: Hier die triumphierende christliche Kirche, dort das mit Blindheit geschlagene Judentum. Die Attribute veranschaulichen die Aussage: Ecclesia mit Krone, Kreuz und Kelch, Synagoge mit Augenbinde, zerbrochener Fahnenlanze und entgleitenden Gesetzestafeln. Im Rahmen

der jüdisch-christlichen Gedenkweges wurde 2014 zwischen den Figuren eine Bodenplatte mit einer Inschrift des Theologen Klaus-Peter Hertzsch eingelassen, die ein Schuldbekenntnis der eigenen christlichen Blindheit gegenüber dem jüdischen Gottesvolk ist.

Die Themen des TYMPANONS [51] sind Tod und Himmelfahrt Mariens. Unten die Apostel, die Maria zu Grabe tragen wollten mit dem Motiv der Gürtelspende: Dem ungläubigen Thomas (isolierte mittlere Figur) hinterlässt Maria als materielles Zeichen ihren Leibgürtel. Die Flammen des Räucherkessels versinnbildlichen die aufsteigenden Gebete. Von Engeln wird Maria auf einer Bahre leiblich emporgehoben, ihre Seele aber ist schon vorausgeeilt: Christus im Strahlenkranz hält sie in Form eines kleinen unschuldigen Kindes in Händen.

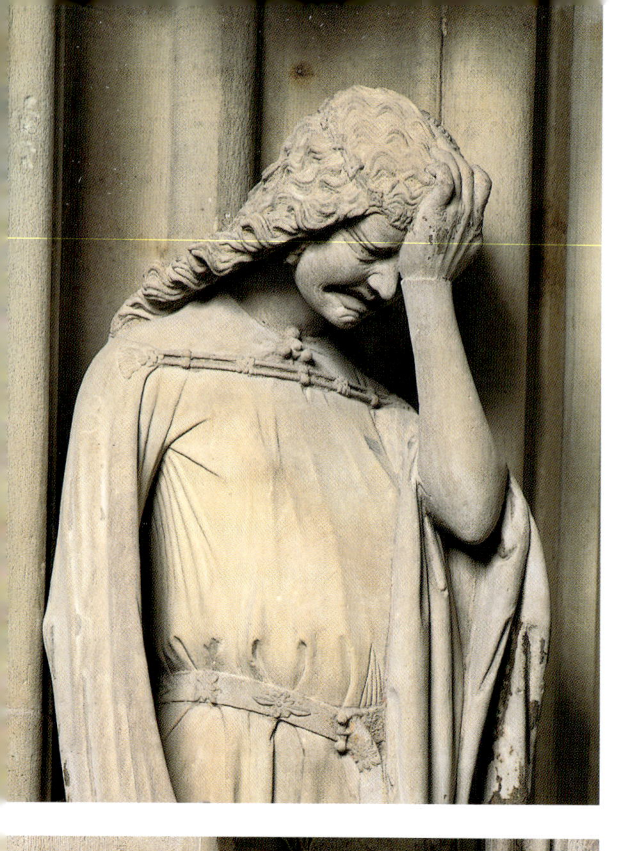
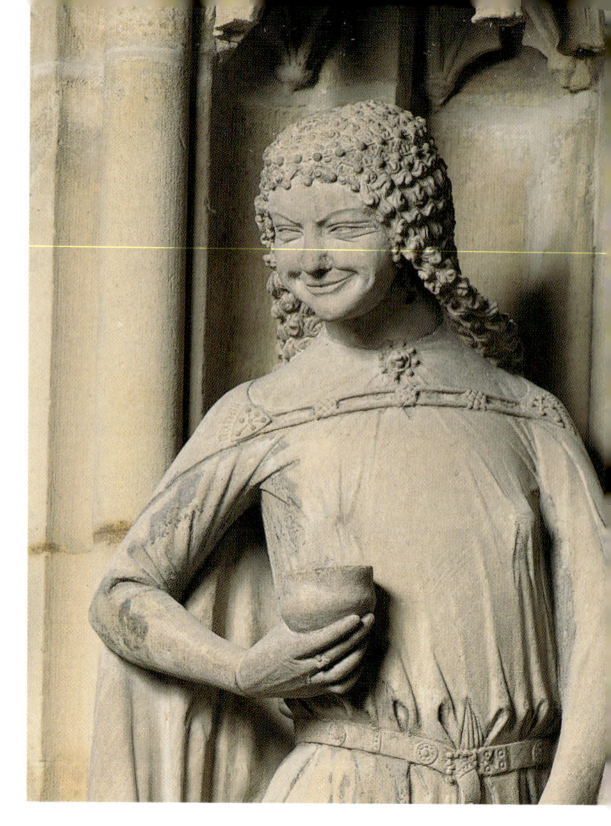
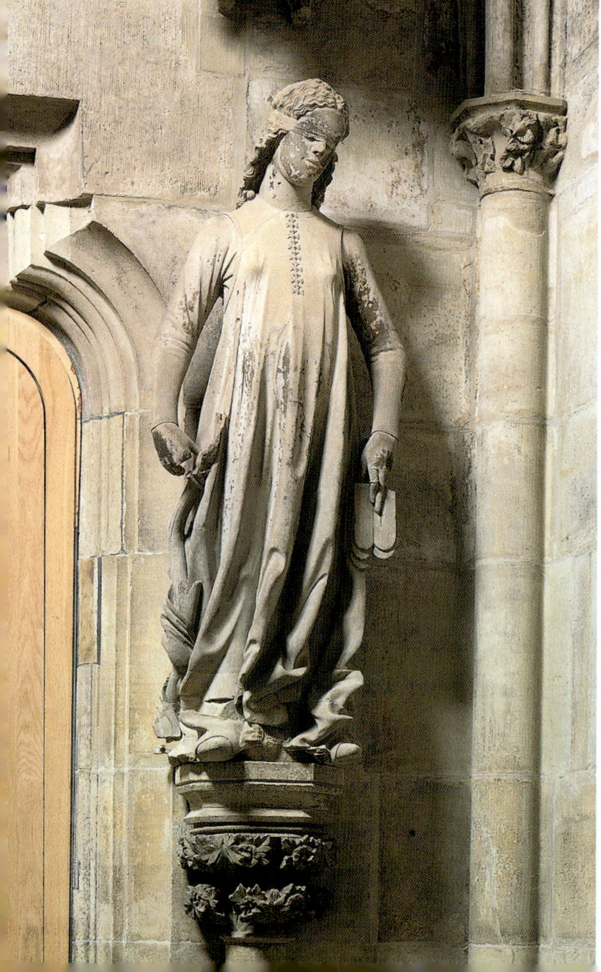
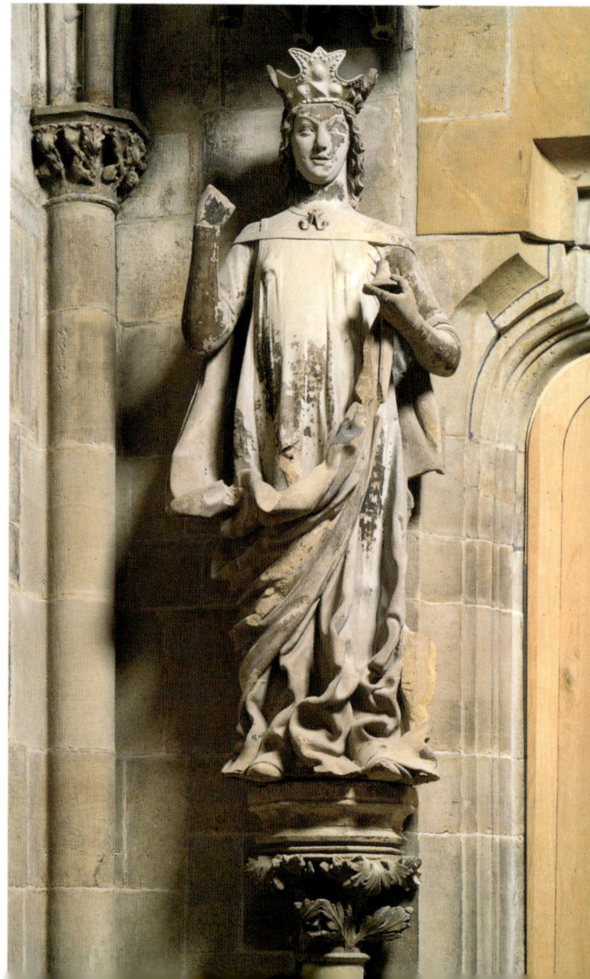

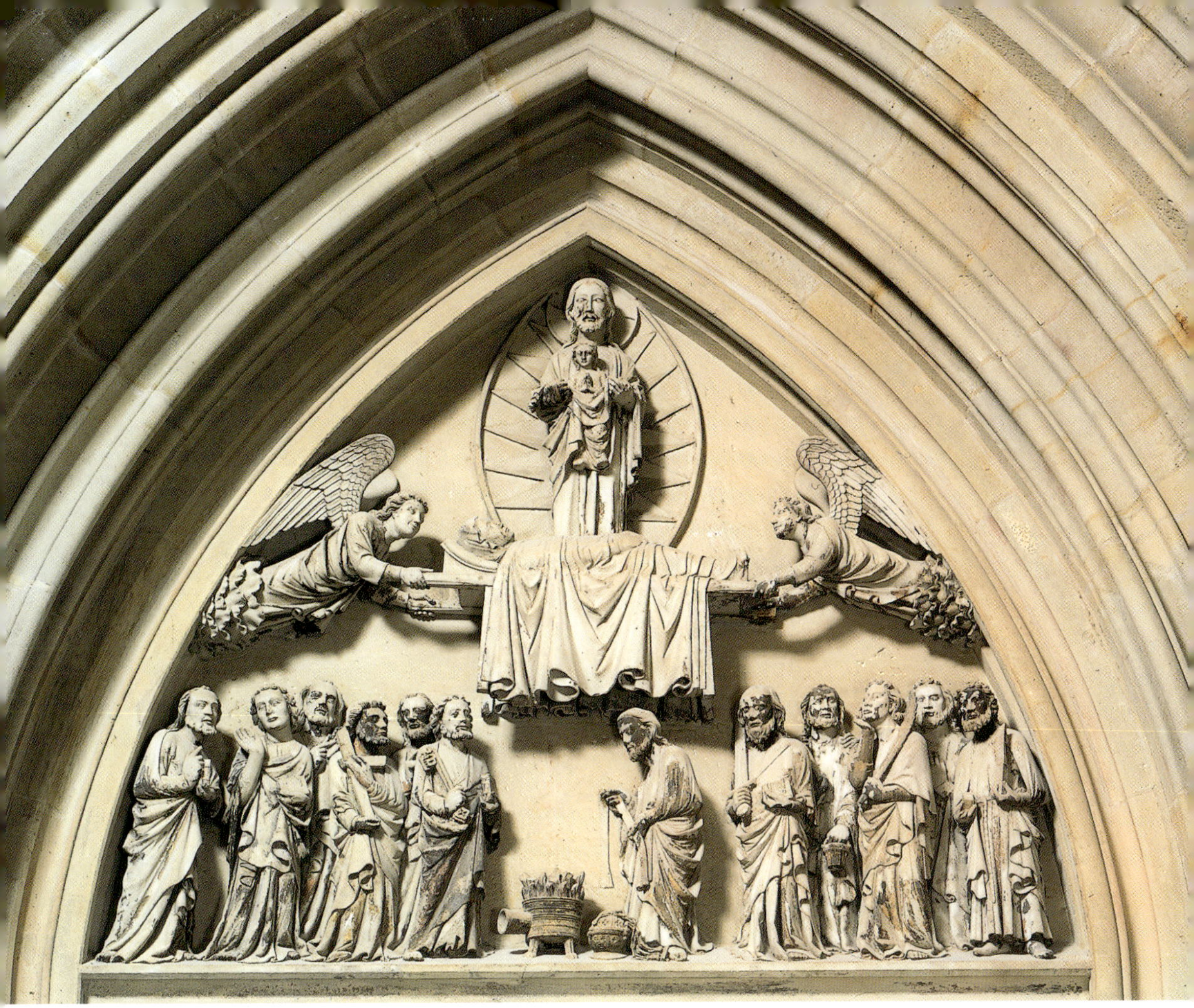

Tympanonrelief über dem Paradiesportal mit der Himmelfahrt Mariens

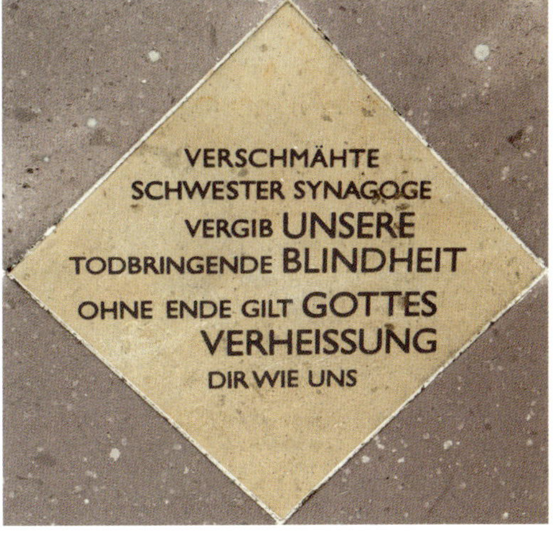

Abbildungen Seite 58 oben:
Detailansichten einer Törichten und einer Klugen Jungfrau

Abbildungen Seite 58 unten:
Die Figur der Synagoge (links) ist den Törichten Jungfrauen
zugeordnet, die Ecclesia (rechts) steht auf der Seite der Klugen
Jungfrauen

Gedenkplatte zum jüdisch–christlichen Dialog

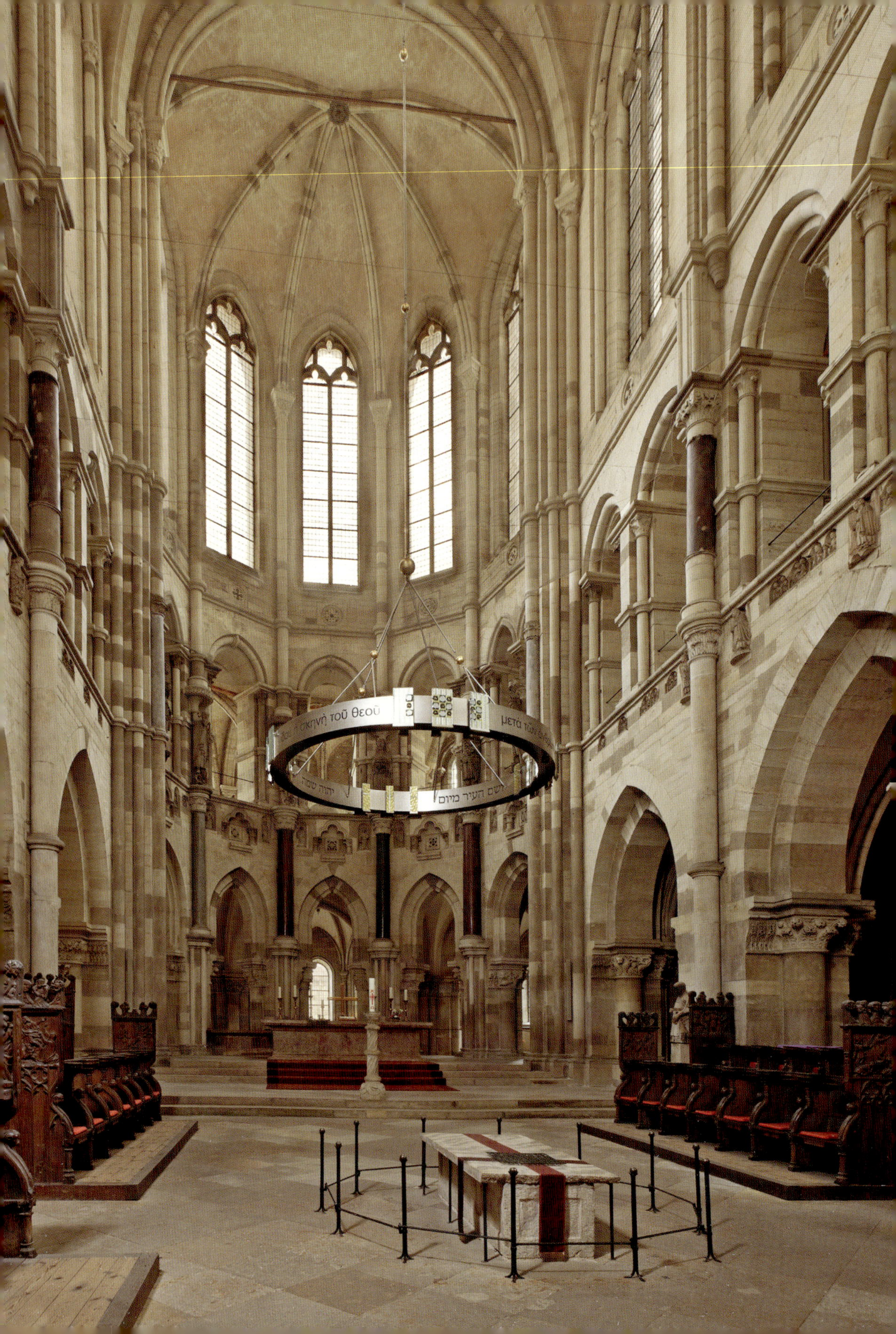

Der Hohe Chor

Die Gittertüren verwehrten früher dem Laien den Eintritt in den HOHEN CHOR [I], gaben aber den Blick ins Allerheiligste frei. Der Hohe Chor als eigentliches Zentrum der mittelalterlichen Kathedrale und Gottesdienstraum des Erzbischofs und der ehemaligen Domherren ist heute noch der feierlichste und erhabenste Raum des Domes. Sieben Stufen führen über das Kaisergrab Ottos des Großen hinauf zum Hochaltar, auf den alle Bezugslinien des Domes zulaufen. Ein großer Teil der erhaltenen Kunstwerke und Figuren umgibt diesen Altar ebenso, wie die transparente und mystische Architektur der Umgänge und Kapellen. Der Hohe Chor ist heute noch Ort großer Gottesdienste wie zur Osternacht oder zu Himmelfahrt sowie der Trauungen und des mittäglichen Stundengebetes.

Das CHORGESTÜHL [52] war vermutlich zur Weihe des Domes 1363 fertig gestellt. Es diente dem Domkapitel zur Ausübung der täglichen Stundengebete und Messen. Gebete und Gesänge wurden stehend absolviert, die Lesungen durften sitzend verfolgt werden. Die Sitzflächen sind deshalb als Klappsitze konstruiert. Jeder Domherr, Vikar oder Scholar hatte seinen nach Rang und Funktion zugewiesenen Platz. Eine Vielzahl von szenischen Bildwerken und Einzelfiguren schmückt das Gestühl. Die Reliefs der Seitenwangen illustrieren in hochrangiger künstlerischer Qualität die Lebensgeschichte Jesu. Besonders hervorzuheben sind die Darstellungen von Christi Geburt, Einzug in Jerusalem und Abendmahl. Obwohl einige wurmstichige Teile im 19. Jahrhundert durch Nachbildungen ersetzt wurden (östl. Chorwangen), sind nicht mehr alle Stationen vorhanden. Es fehlt z.B. eine so wichtige wie die

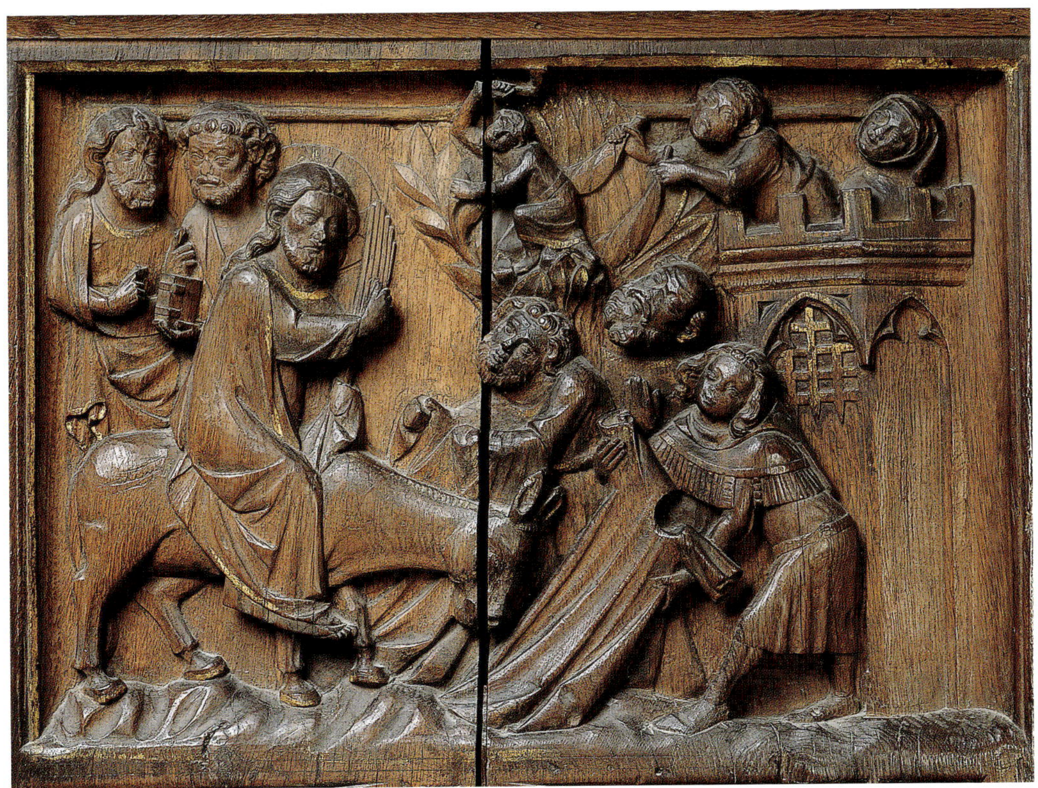

Einzug in Jerusalem, Schnitzerei an einer Seitenwange des Chorgestühls

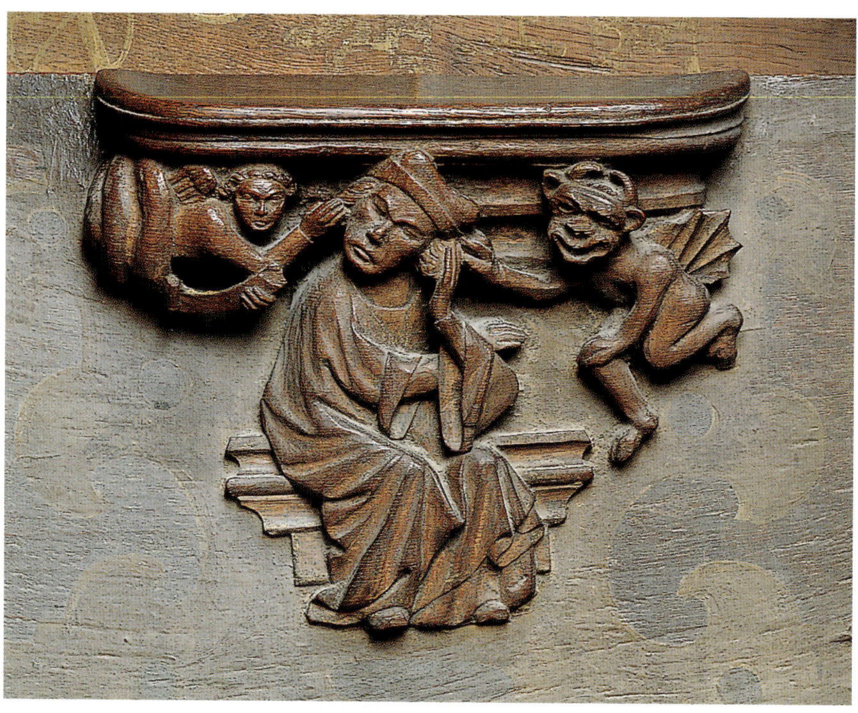

Miserikordie am Chorgestühl mit Domherren zwischen Engel und Teufel

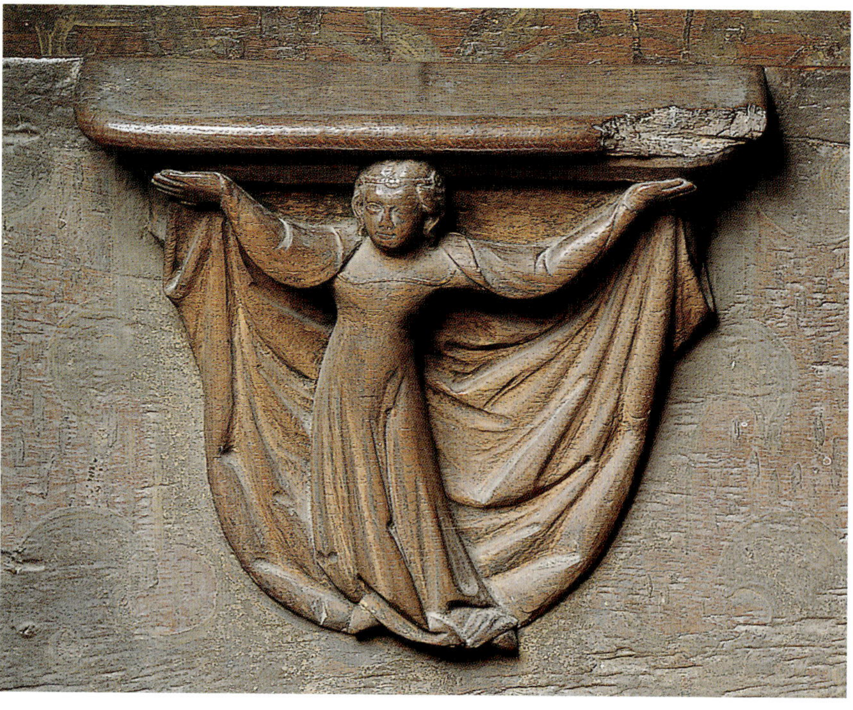

Miserikordie mit Tänzerin

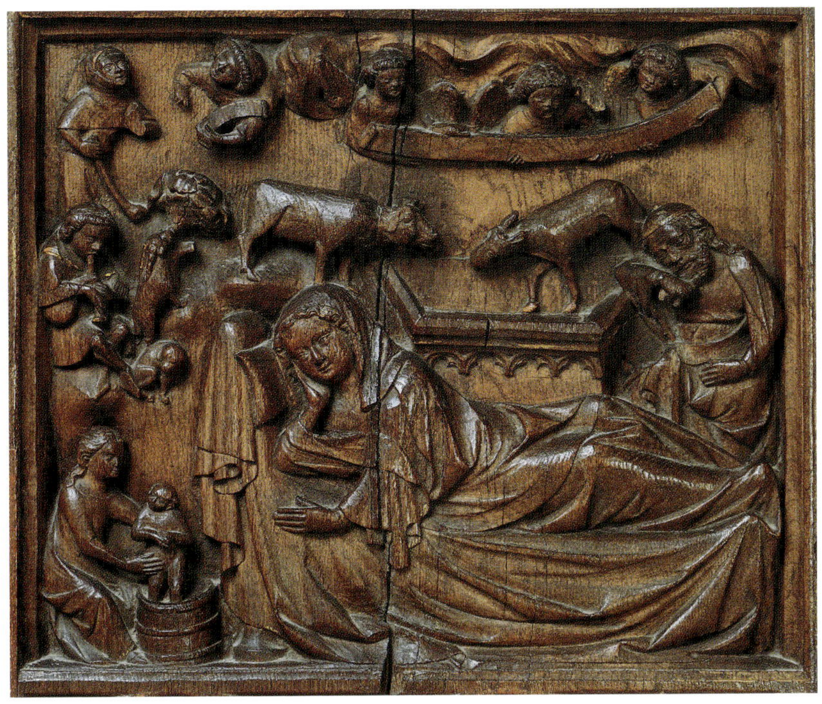

Geburt Christi, Schnitzerei an einer Seitenwange des Chorgestühls

Kreuzigung. Die figürlichen Schnitzarbeiten unter den Miserikordien zeigen ganz unterschiedliche Motive, zum Teil mit allegorischer Bedeutung. Wiederkehrend ist das Thema des immer der Versuchung ausgesetzten, ständig im Entscheidungskampf zwischen Gut und Böse (Engel und Teufel) stehenden Menschen. Auffällige Ähnlichkeiten bestehen mit den Chorgestühlswangen in Bremen und den Miserikordien im Kölner Dom.

Der KAISERSARKOPHAG OTTOS I. [53] ist aus dem Vorgängerbau, bei dessen Brand er unversehrt blieb, in den gotischen Neubau überführt worden. Er ist in seiner originalen Form von 973 erhalten: Unter einer antiken Marmorplatte umschließt der gefelderte Kalksteinsarg einen hölzernen Kasten, in dem die Gebeine des Kaisers ruhen. Bei einer amtlichen Öffnung im Jahre 1844 hat man festgestellt, dass das Kaisergrab in früherer Zeit geplündert worden ist und nur noch den Schädel, Skelettteile und Gewandreste enthält, jedoch keine Grabbeigaben mehr. Der bronzene Schriftrost wurde 1936, zu Ottos tausendjährigem Krönungsjubiläum, neu gegossen. Es ist überliefert, dass das mittelalterliche lateinische Hexameter Papst Leos I. – TRES LUCTUS CAUSÆ · SUNT HOC SUB MARMORE CLAUSÆ · REX DECUS ECCLESIÆ · SUMMUS HONOR PATRIÆ – früher in einer goldenen Umfassung das Grab geschmückt hat. Es lautet übersetzt: »Drei Gründe der Trauer sind hier unter dem Marmor eingeschlossen: der König, die Zierde der Kirche, die höchste Ehre des Vaterlands.« Die Metallumfassung in Form einer Krone wurde 2003 nach einem Entwurf von Peter Hinz geschaffen.

Der 2021 von Christiane Budig für den Hohen Chor gefertigte Radleuchter symbolisiert mit seinen 12 Toren aus Glas das Himmlische Jerusalem. Die alttestamentliche hebräische und die neutestamentliche griechische Inschrift lauten übersetzt: »Und alsdann soll die Stadt genannt werden: Hier ist der Herr.« (Hesekiel 48,35) und: »Siehe da, die Hütte Gottes bei den Menschen.« (Offenbarung 21,3).

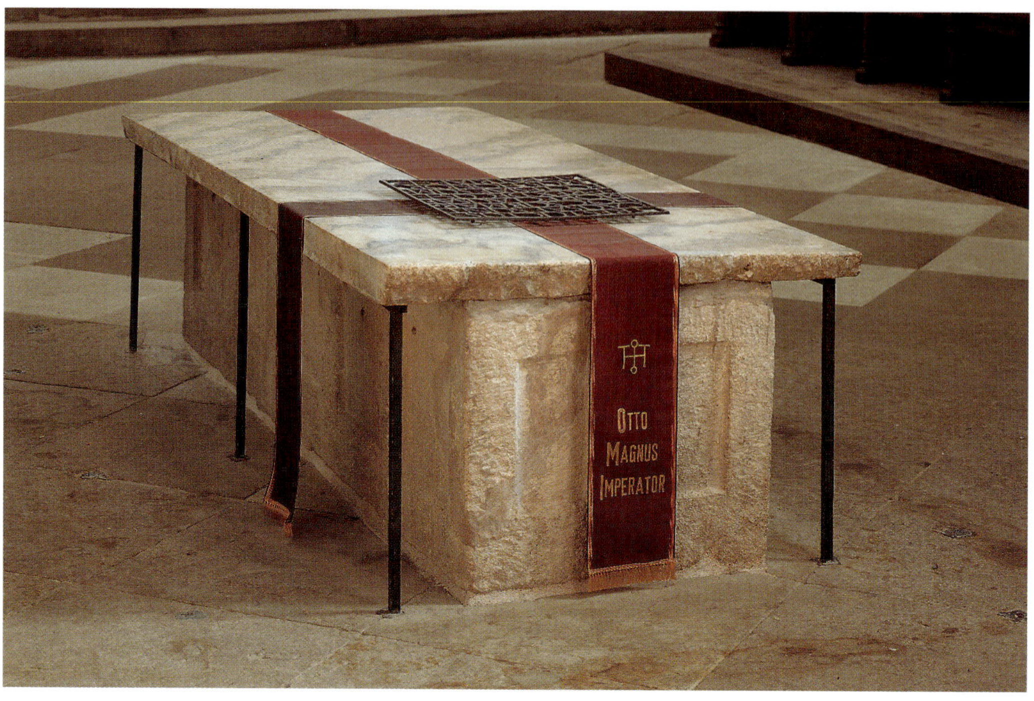

Der Sarkophag Kaiser Ottos I. stammt noch aus dem Vorgängerbau des Domes.

An verschiedenen Stellen des Chores sind ANTIKE SÄULENSCHÄFTE [54] aus Porphyr, Marmor und Granit verbaut, die aus dem Vorgängerdom stammen. Kaiser Otto hatte sie aus Ravenna, seiner bevorzugten italienischen Residenz, nach Magdeburg transportieren lassen und damit seinen Machtanspruch demonstriert, rechtmäßiger Nachfolger der römischen Cäsaren zu sein. Erzbischof Wilbrand (1235 bis 1253) plazierte die größten und prächtigsten der Kaisersäulen demonstrativ im Chorhaupt sowie rechts und links der Grablege Ottos und gestaltete damit das Sanktuarium der Kathedrale zur Grab- und Gedächtniskapelle des großen Imperators.

An den mittleren Pfeilern des Chorquadrates stehen sich die bekanntesten Darstellungen der beiden Schutzpatrone des Domes gegenüber. Eindrucksvoll strahlt die Figur des HL. MAURITIUS [55] Würde und Freundlichkeit, Natürlichkeit und Entschlossenheit aus. Mauritius, »Streiter Christi und unbesiegbarer Held«, war der Befehlshaber der berühmten Thebäischen Legion, einem Heer von christlichen Nordafrikanern aus Unterägypten (Thebais), die für den römischen Kaiser Maximian kämpften. Er erlitt mit seinen Kameraden um 285 bei Acaunum im Rhônetal (heute Saint Maurice / Schweiz) das Martyrium, als er es ablehnte, Christen zu verfolgen und den Kaiser als Gott gleich anzuerkennen. Otto der Große, dem sein Vater Heinrich I. die Mauritiuslanze übergab und der aus Saint Maurice, dem Hort der Kleinodien Burgunds, Mauritiusreliquien erhielt, verehrte den Heiligen in besonderer Weise und weihte ihm Dom und Erzbistum Magdeburg. Von den Ottonen wurde der Märtyrer zum höchsten Patron des Reiches erhoben, wodurch die Mauritiusverehrung große Verbreitung fand. Die Heilige Lanze, auch Mauritiuslanze (Kopie an der Südwand des Binnenchores), gehörte ebenso zu den Krönungsinsignien der deutschen Kaiser und Könige wie Krone, Zepter, Schwert und Reichsapfel. Die um 1240 entstandene, heute nicht mehr vollständige Skulptur ist die älteste erhal-

Hl. Mauritius im Hohen Chor, Mitte 13. Jahrhundert

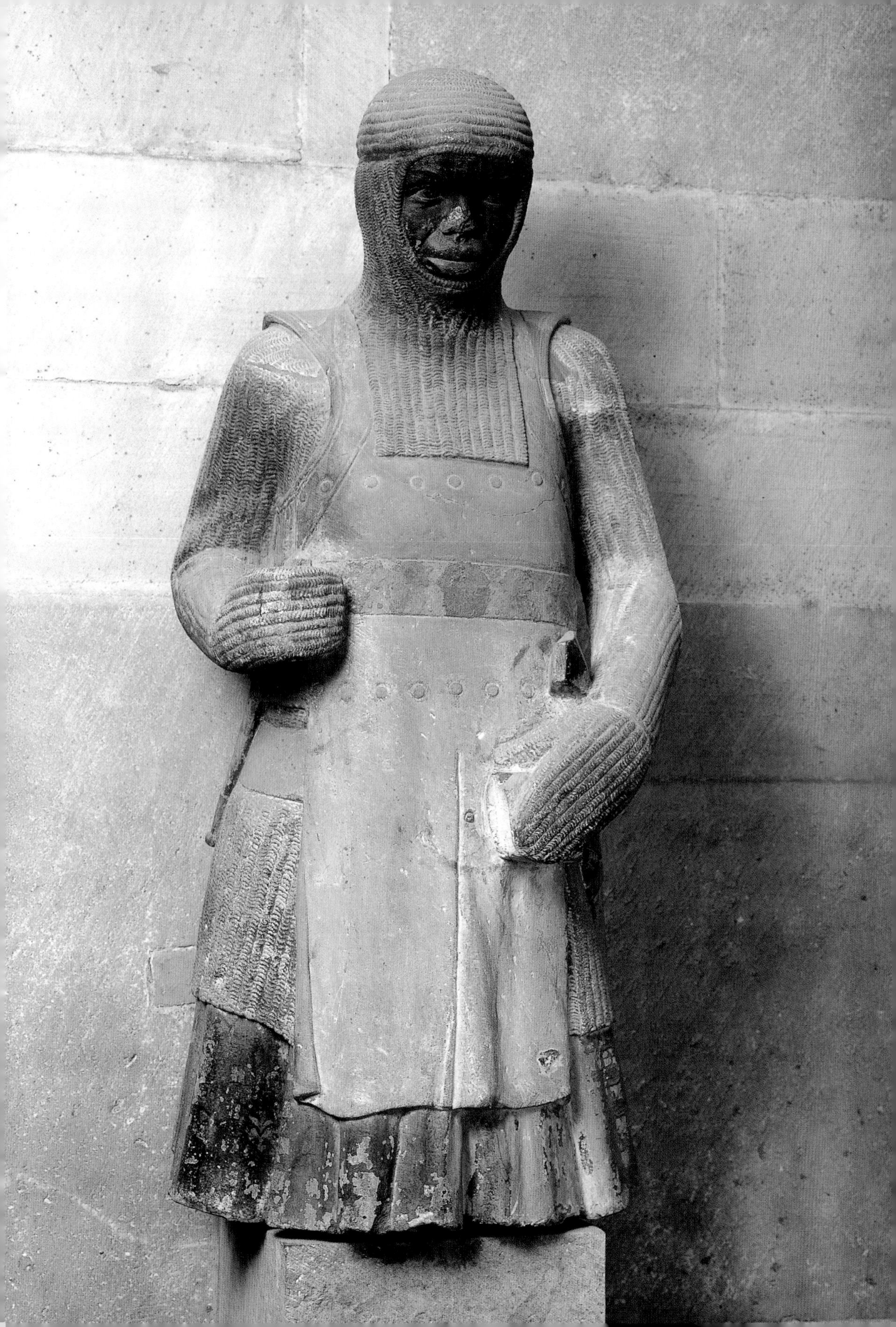

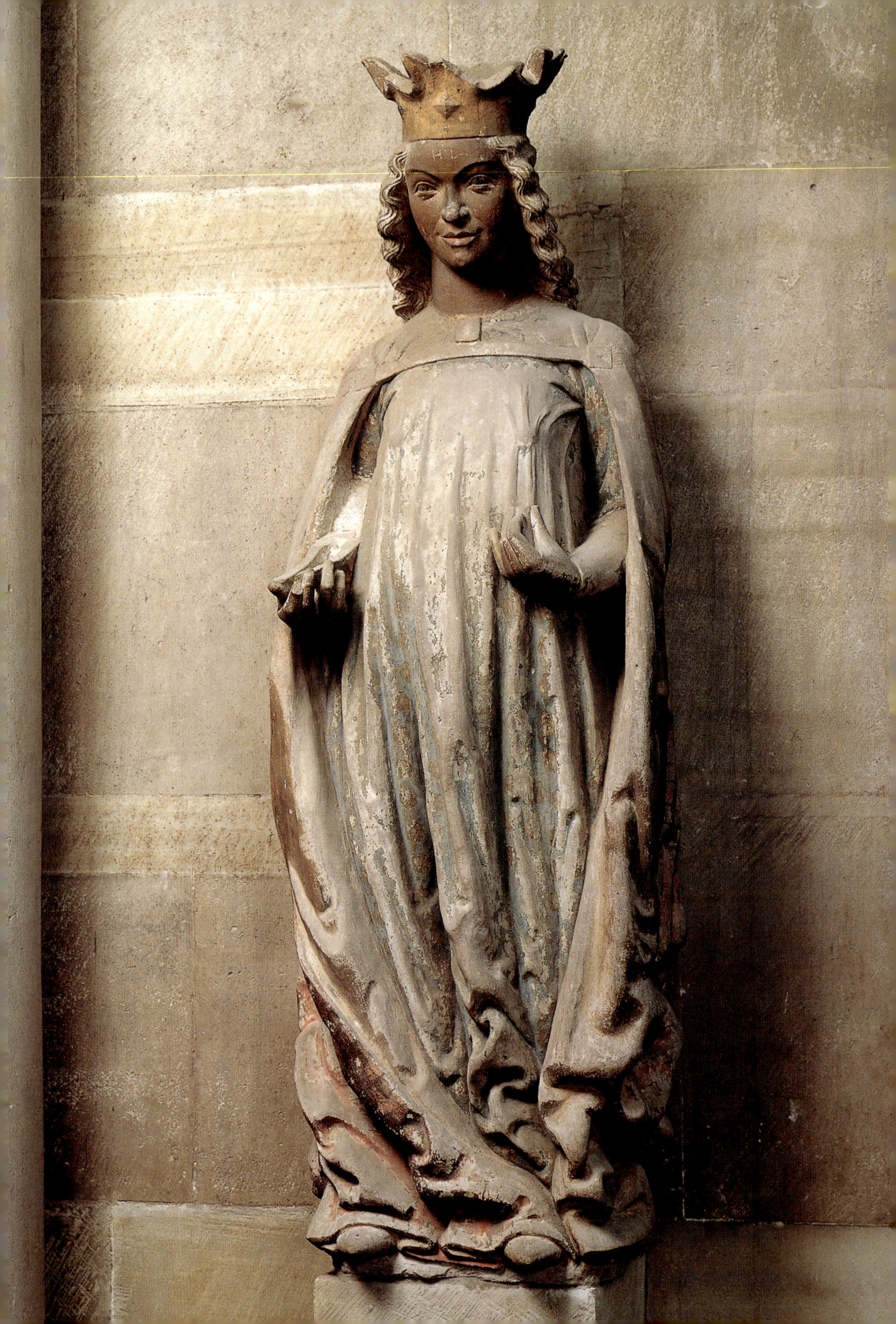

tene Darstellung eines Schwarzafrikaners in nachantiker Zeit in Europa.

Erst mit dem Bau des gotischen Domes wird 1209 die HL. KATHARINA VON ALEXANDRIEN [56] als Mitpatronin genannt. Sie ist eine literarische Gestalt des 6. Jahrhunderts und soll unter dem römischen Kaiser Maxentius um 307 den Märtyrertod erlitten haben, weil sie sich geweigert hatte, heidnischen Göttern zu opfern und in einem Streitgespräch vor dem Kaiser 50 Gelehrte zum Christentum bekehrt hatte. Nachdem die geplante Hinrichtung mit dem Rad durch das Eingreifen Gottes verhindert wurde, ist sie schließlich enthauptet worden. Seitdem sind ihre Attribute ein zerbrochenes Rad und das Schwert. Die fehlenden Attribute der ebenfalls um die Mitte des 13. Jahrhunderts geschaffenen Figur lassen heute eine eindeutige Bestimmung als Katharina nicht mehr zu. Mit einem freundlichen Lächeln tritt die mit Märtyrerkrone und vornehmen Umhang versehene Skulptur dem Betrachter gegenüber und vermittelt den Eindruck einer klugen und gütigen Frauengestalt. Die Domgemeinde ehrt Mauritius' Andenken als Offizier im Widerstand, Bekenner und Ausländer in Magdeburg und hält in Katharinas Gedenken die Weisheit und Autonomie der Frau wach.

Der marmorne OSTERLEUCHTER [57] wurde im 12. Jahrhundert aus einem antiken Säulenschaft gearbeitet, die Sandsteinbasis für die Wiederaufstellung nach dem Zweiten Weltkrieg wurde von dem Magdeburger Bildhauer Heinrich Apel neu geschaffen. Auf diesem Leuchter brennt die in der Feier der Heiligen Osternacht entzündete große Osterkerze bis zum Himmelfahrtstag. Sie symbolisiert in der christlichen Auferstehungsfeier den Sieg des Lichtes über die Finsternis, des Lebens über den Tod. Dementsprechend ist der Marmorschaft mit Sonnensymbolen verziert. Die beiden an der Basis sich selbst in den Schwanz beißenden Schlangen weisen auf den Tod hin, der sich selbst vernichtet.

Insgesamt um sieben Stufen erhöht, steht der mächtige HOCHALTAR [58] im Chorhaupt. Mit 4,40 m Länge und fast 2 m Breite ist seine Mensa wohl die größte Altarplatte Europas. Er

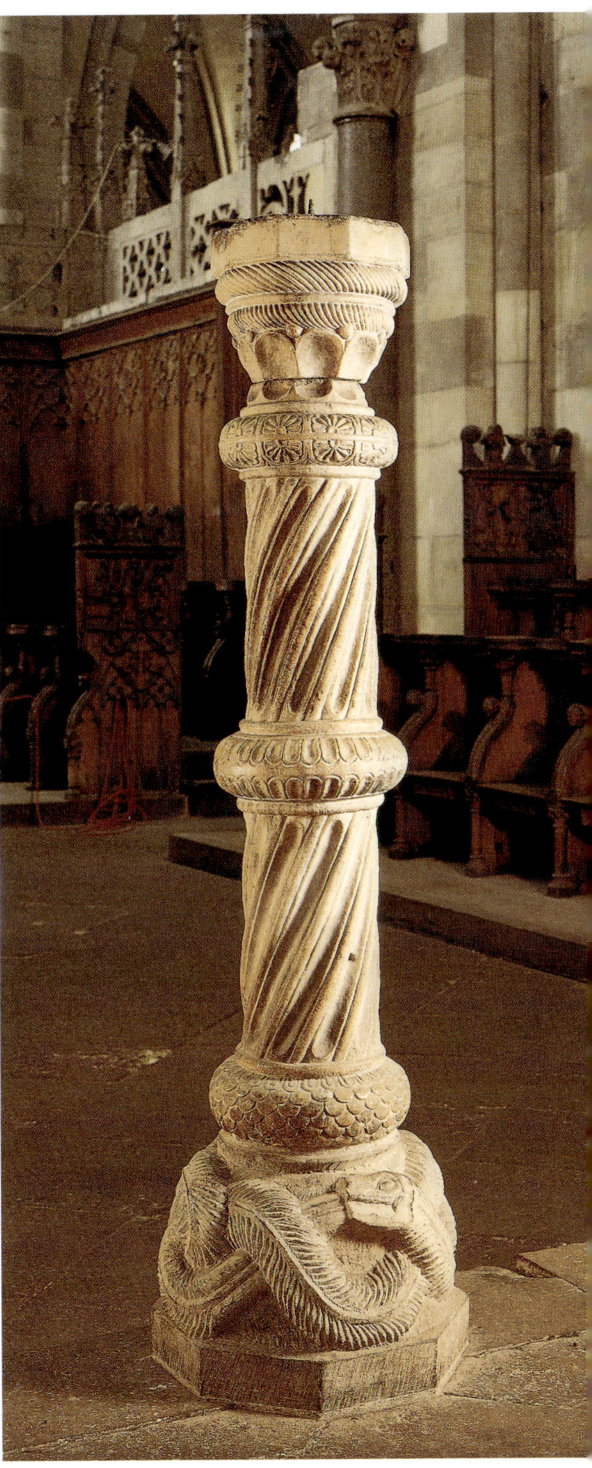

Osterleuchter, im 12. Jahrhundert aus einem antiken Säulenschaft gearbeitet

HI. Katharina, Mitte 13. Jahrhundert

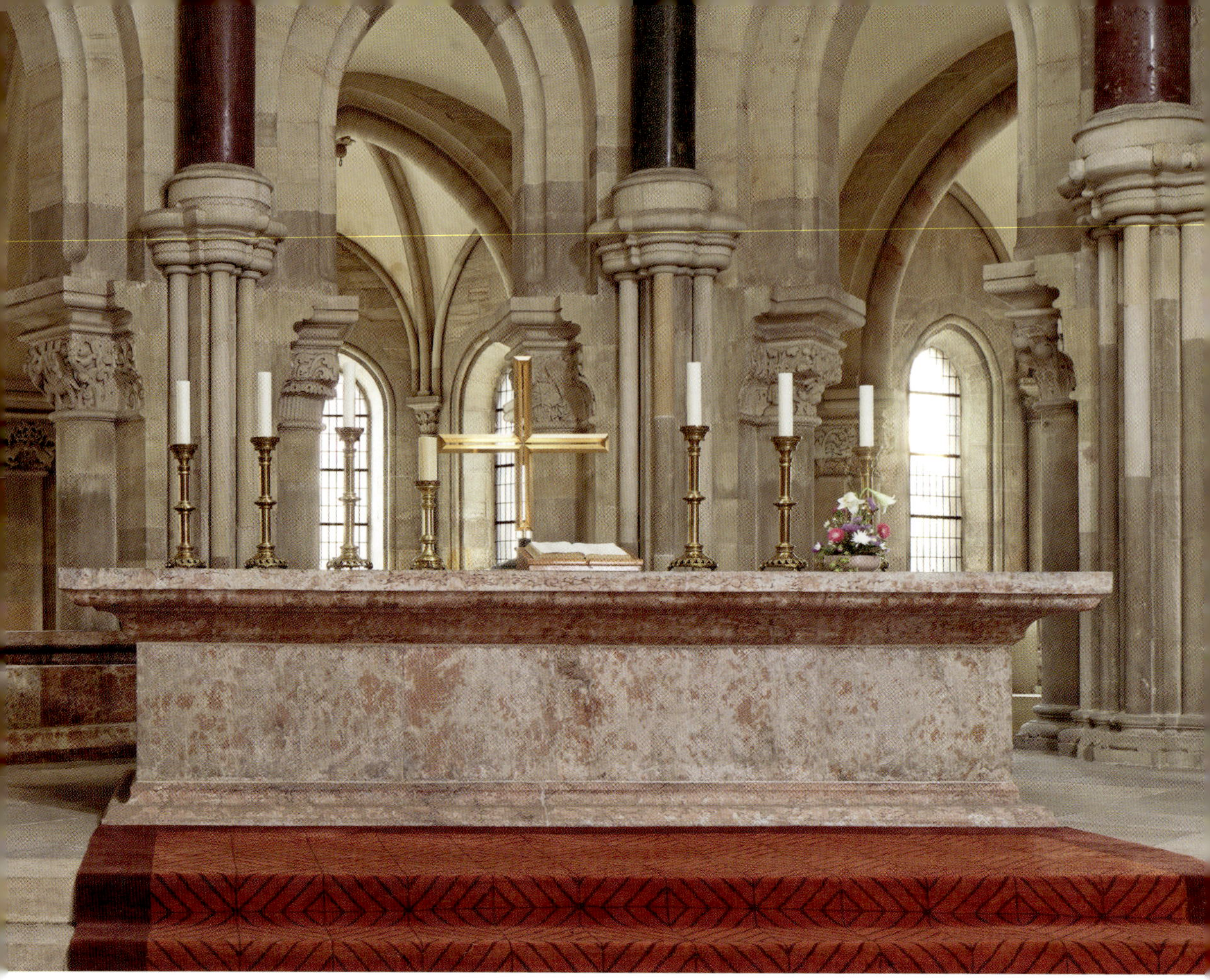

Hochaltar, Marmor, 1363 gestiftet

wurde mitsamt dem Beialtar von Erzbischof Dietrich zur Domweihe 1363 gestiftet. Das Material ist rötlicher Knotenkalk, sogenannter böhmischer Marmor. Verborgen unter einer Bodenplatte führen Stufen unter den Altar, in dessen begehbarem Hohlraum früher Reliquiare und wichtige Urkunden verwahrt wurden. Der Altar wurde 1999/2000 gereinigt und restauriert, fehlende Teile der Mensa wurden ergänzt.

Um den Hochaltar erheben sich die Chorhauptarkaden mit den darüber befindlichen Dreipassnischen, in denen früher Reliquienschreine gezeigt wurden; sie werden von jeweils einer Klugen und einer Törichten Jungfrau flankiert. Auf dem Gesims des oberen Chorumganges über den antiken Säulen stehen sechs große SKULPTUREN [59]. Von links

nach rechts gesehen stellen sie die Apostel Andreas, Paulus und Petrus, Johannes den Täufer und die hll. Mauritius und Innocentius dar, Märtyrer, die als Sieger auf den von ihnen überwundenen weltlichen Herrschern stehen, die ihre Hinrichtung befohlen hatten. Durch rote Porphyrsäulen besonders hervorgehoben sind die Patrone des ottonischen Domes Mauritius und Petrus. Diese Gestaltung ist Anspruch und Programm: Sie versinnbildlicht den Kampf zwischen Kaisertum und Papsttum. Die Säulen stehen für das »Imperium«, das weltliche Reich, und erinnern bewusst an die Bedeutung der Stadt zur Zeit der Ottonen, als Magdeburg auch als das Dritte Rom bezeichnet wurde. Die Märtyrer verkörpern das »Sacerdotium«, das geistliche Reich und die Gewalt des Papstes. Trägt das »Imperium« das »Sacerdotium« –

Figur des Petrus im oberen Chorumgang

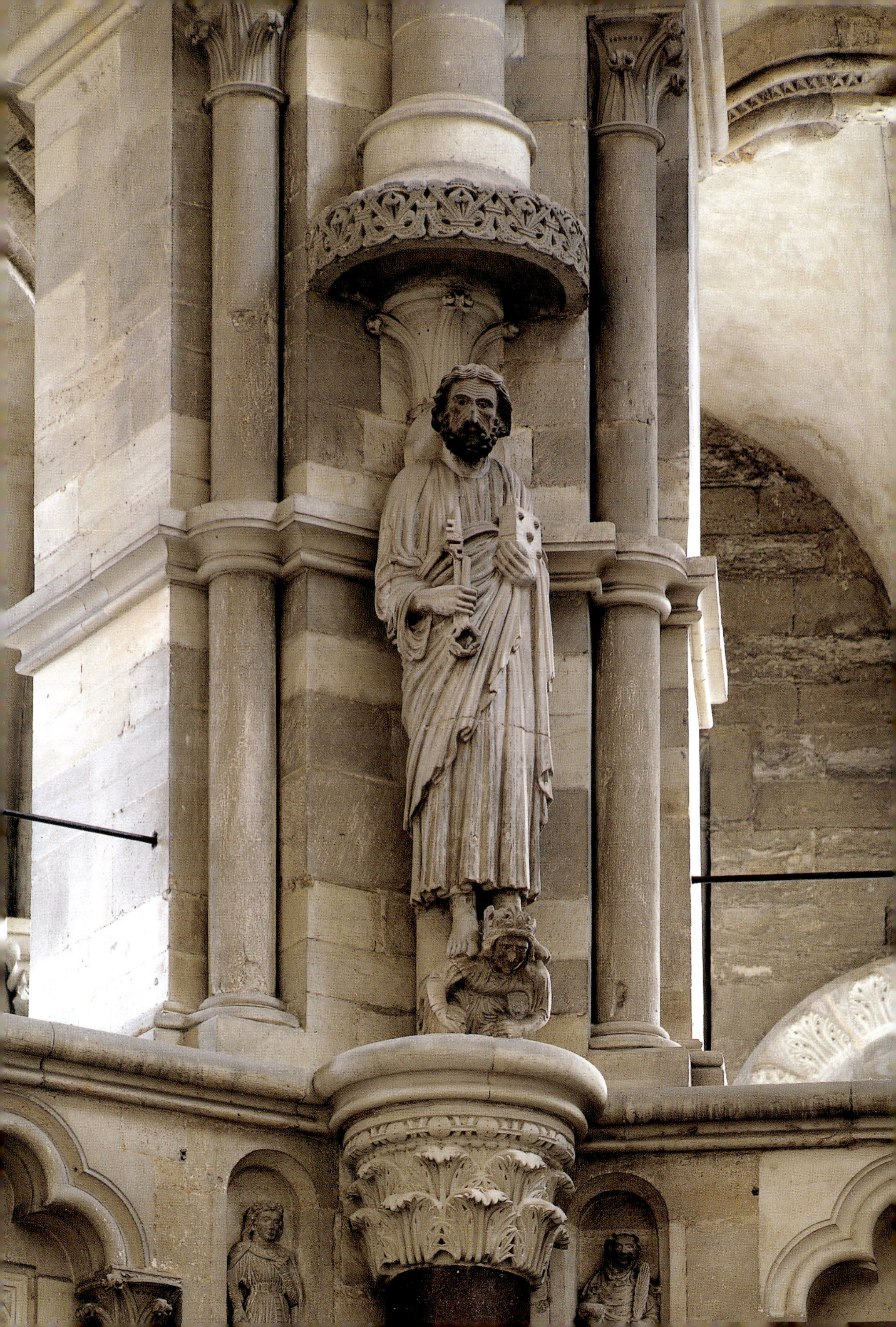

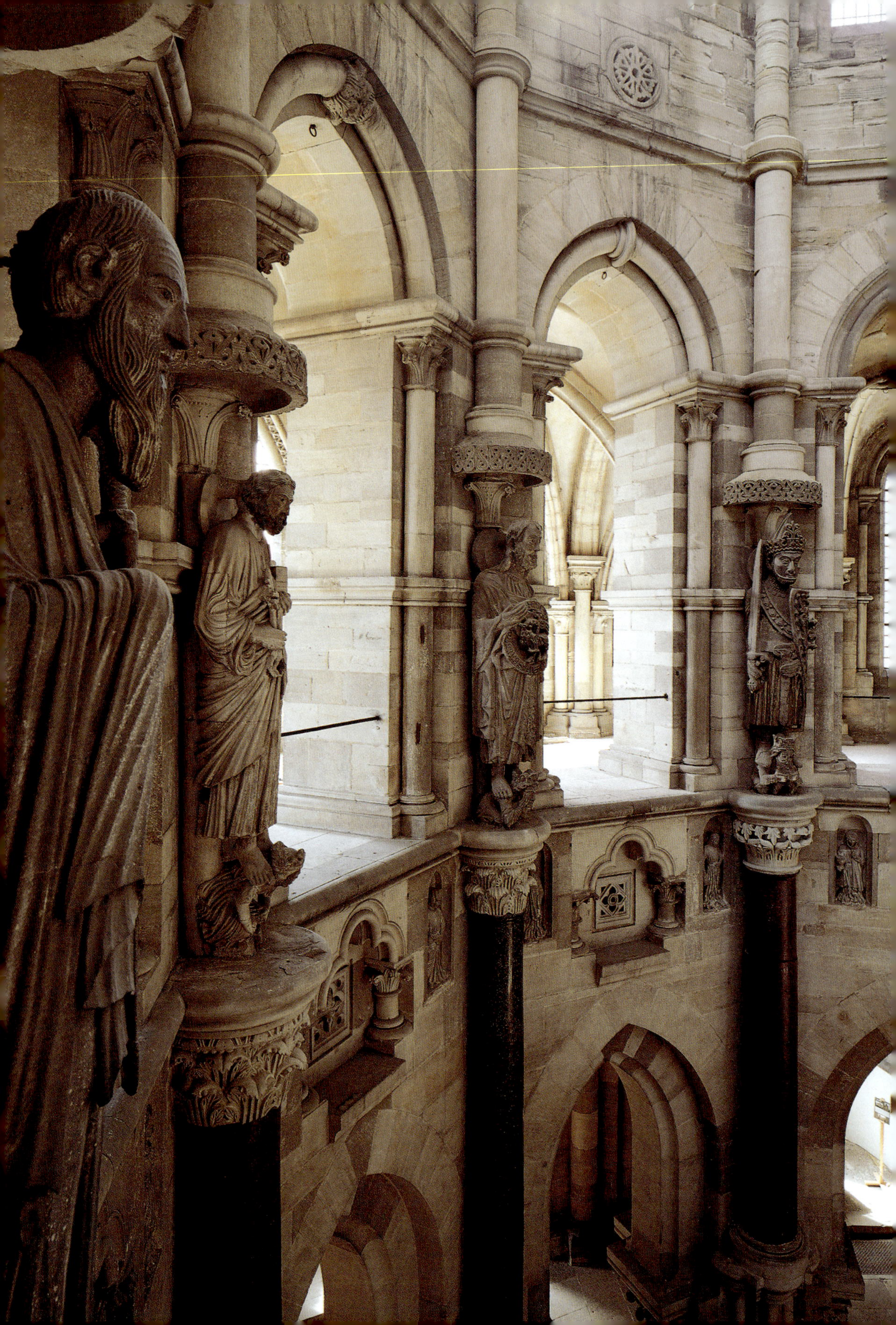

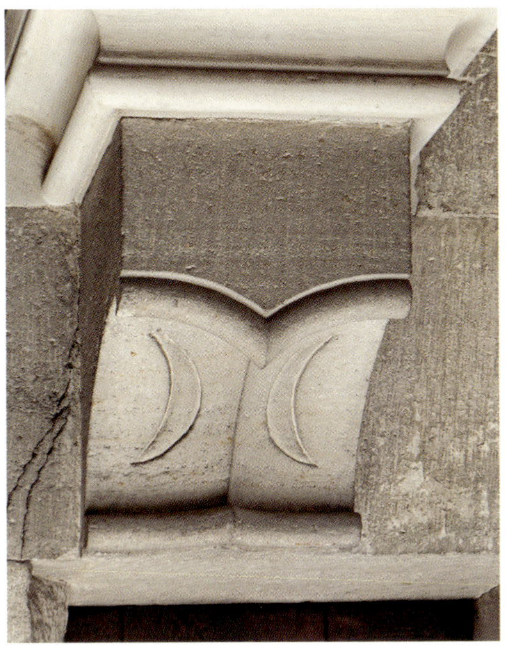

Schildkonsole mit »Halbmonden« im oberen Chorumgang

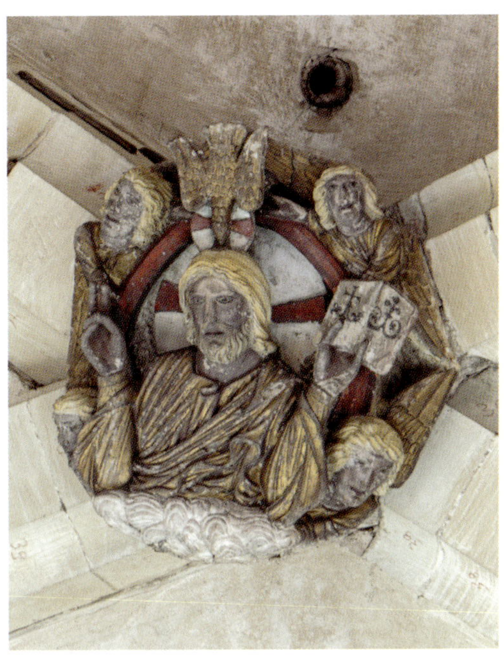

Schlussstein des Hohen Chores mit Christus als Weltenrichter

oder krönt die Macht des Papsttums das weltliche Reich? Unlösbar manifestiert sich in dieser Frage auf der spannungsvollen Grundlage des Reichskirchensystems der Anspruch des Magdeburger Erzbischofs als geistlicher und weltlicher Fürst. Schon auf den ersten Blick fallen stilistische Unterschiede in der Gruppe der Märtyrerskulpturen auf. Man nimmt an, dass die drei Apostel ursprünglich als Portalfiguren konzipiert und die drei Heiligen rechts von anderer Hand bewusst auf Untersicht für diesen Aufstellungsort gearbeitet waren. Wahrscheinlich ebenfalls für dieses Portal gedacht waren die Archivoltenengel und die Darstellungen von Tugenden und Lastern über den Seitenarkaden des Chores.

Der obere Chorumgang (nur im Rahmen spezieller Führungen zugänglich) ist ab ca. 1235 von einer Zisterzienserbauhütte errichtet worden. Während der untere Chorumgang noch romanisch gewölbt wurde, sind hier die typischen Stilmerkmale der Maulbronner Zisterziensergotik, wie z. B. gewirtelte Säulen, halbkreisförmige Kreuzrippen, Knospenkapi-

telle und auch die berühmten »Halbmonde« auf Schildkonsolen zu finden. »Bischofsgang« wird er hier genannt, weil Erzbischof Burchard III. (1307–1325), der bei den Magdeburger Bürgern verhasst war und um sein Leben fürchten musste, einen überdachten Brückengang vom erzbischöflichen Palast, der nordöstlich neben dem Dom stand, zur Chorempore errichten ließ, dessen Treppenstufen heute noch im Inneren vorhanden sind. Genutzt hat es ihm nichts, denn er wurde von aufgebrachten, über seine erdrückenden Steuerforderungen erbosten Magdeburgern gefangen genommen und im Keller des Rathauses mit einem eisernen Türriegel erschlagen. Seine Grabplatte befindet sich im Fußboden des Domes östlich des Katharinenaltares.

Hoch oben vom SCHLUSSSTEIN DES CHORGEWÖLBES [60] schaut Christus als Pantokrator (Weltenherrscher) auf den Betrachter herab, ein aufgeschlagenes Buch mit dem Alpha und Omega in der Hand: »Ich bin das A und das O, der Erste und der Letzte, der Anfang und das Ende« (Offb. 22,13).

Blick auf den oberen Chorumgang im Hohen Chor mit den Figuren der Apostel Paulus und Petrus, Johannes des Täufers und des hl. Mauritius

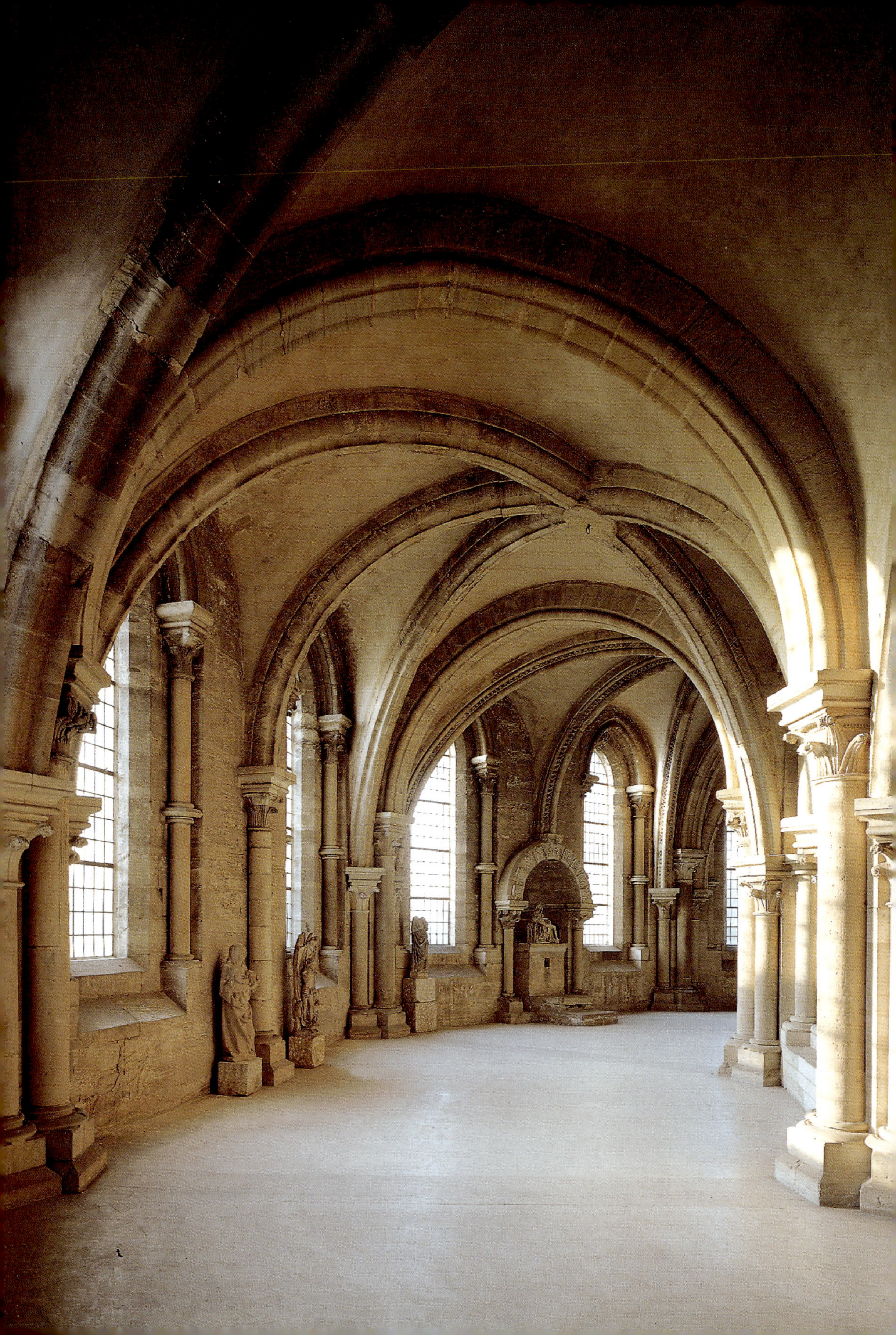

Im Chorumgang

Der erstmalig in Deutschland nach gotischem Vorbild angelegte Umgang atmet die früheste Bauzeit des Domes. Die gewaltigen Bündelpfeiler und langen Kapitellfriese ruhen noch ganz in der spätromanischen Übergangszeit und verleihen dem Raum eine Schwere, die an der Ostgrenze des Reiches anders empfunden wurde als im scholastischen Paris. Beeindruckend sind die Durchblicke durch die Arkaden, in denen sich jedesmal ein anderes Bild des Chores und des Langschiffes eröffnet. An der Nordwand des ersten nördlichen Joches befindet sich eines der berühmten Magdeburger Meisterwerke der Romanik. Die liegende BRONZEGRABPLATTE des 1152 verstorbenen ERZBISCHOFS FRIEDRICH VON WETTIN [61] stammt aus dem ottonischen Dom. Archaische Strenge herrscht in der noch keineswegs als individuelle Person zu betrachtenden Darstellung vor. Der Bischofsstab trifft mit der Spitze auf die kleine Figur des antiken Dornausziehers, die das überwundende Heidentum symbolisiert: eine Anspielung auf die Slawenmissionierung in den wendischen Gebieten östlich der Elbe, an der Friedrich maßgeblich beteiligt war. Das Ornat des Erzbischofs ist mit vielen Ziselierungen versehen; auf dem Manipel ist eine stark stilisierte Ritzzeichnung des ottonischen Domes zu erkennen.

Das sprichwörtliche »Magdeburger Lächeln« begegnet uns in dem Strahlen des Erzengels Gabriel aus der VERKÜNDIGUNGSGRUPPE [62] aus der Mitte des 13. Jahrhunderts, mit dem er Maria begrüßt. »Ave Maria gratia plena« stand früher auf dem Spruchband zu lesen. Der auffällige Größenunterschied der Figuren wird wahrscheinlich durch das Fehlen der großen hölzernen Engelsflügel erklärlich. Wie alle mittelalterlichen Bildwerke hatten auch diese beiden eine intensive Farbfassung, von der heute noch Reste vorhanden sind.

Vor der mittleren Chorumgangskapelle steht das 1510 von Erzbischof Ernst gestiftete GRABMAL DER EDITHA [63], Ottos erste Gemahlin und Tochter des englischen Königs Edmund. Sie starb 946 im Alter von 34 Jahren. Der

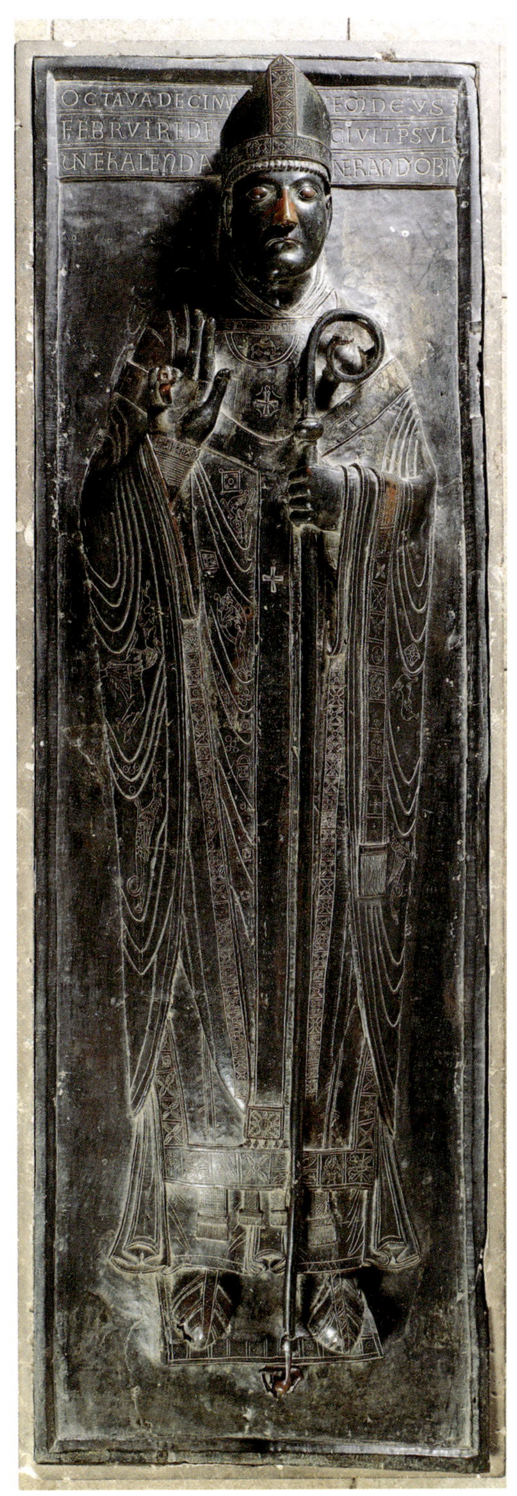

Bronzegrabplatte Erzbischof Friedrichs von Wettin († 1152)

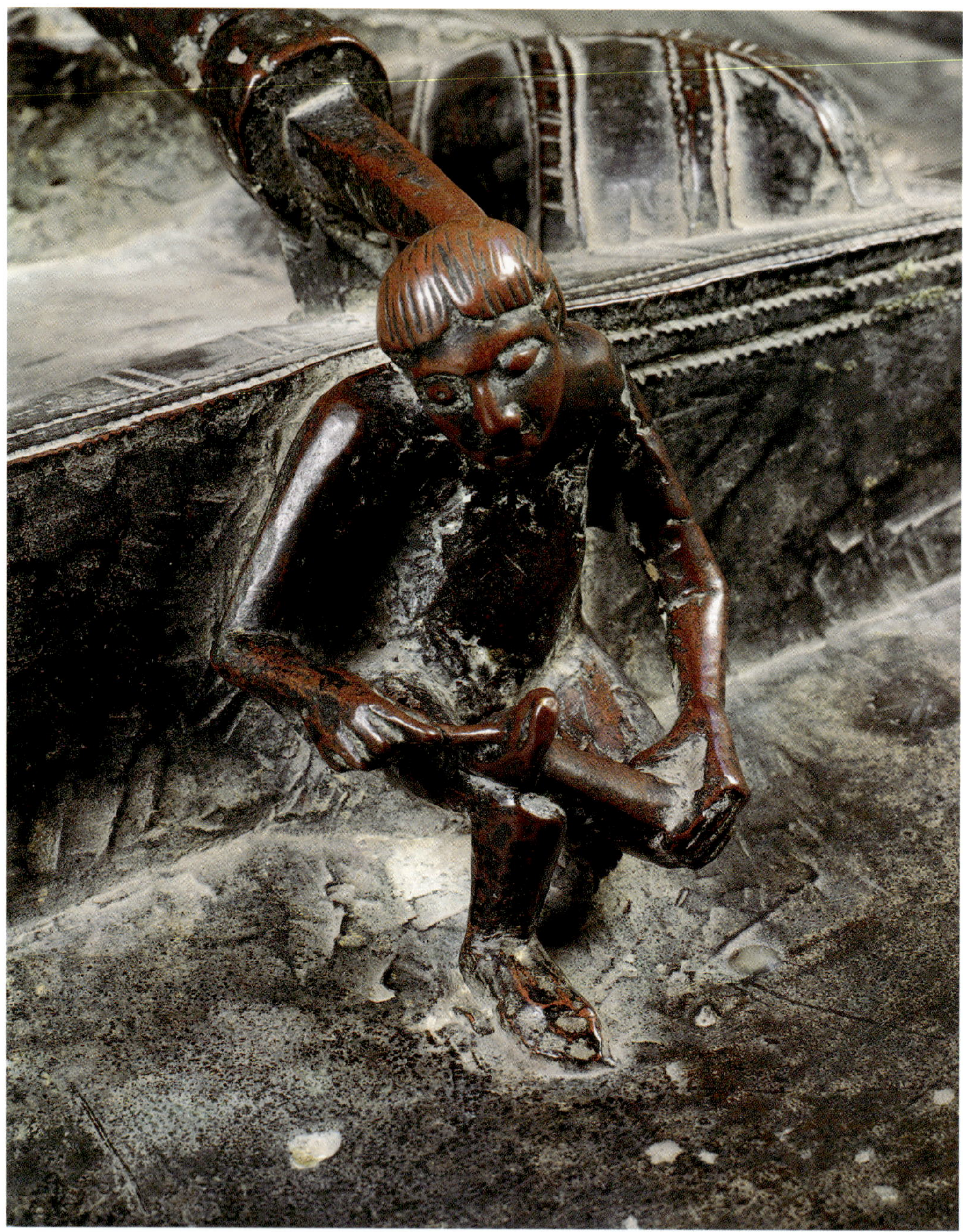

Bronzegrabplatte Erzbischof Friedrichs von Wettin. Der »Dornauszieher«
unter dem Bischofsstab verweist auf das überwundene Heidentum.

Verkündigungsgruppe, Mitte des 13. Jahrhunderts, mit dem sprichwörtlichen
»Magdeburger Lächeln« auf dem Gesicht des Erzengel Gabriel

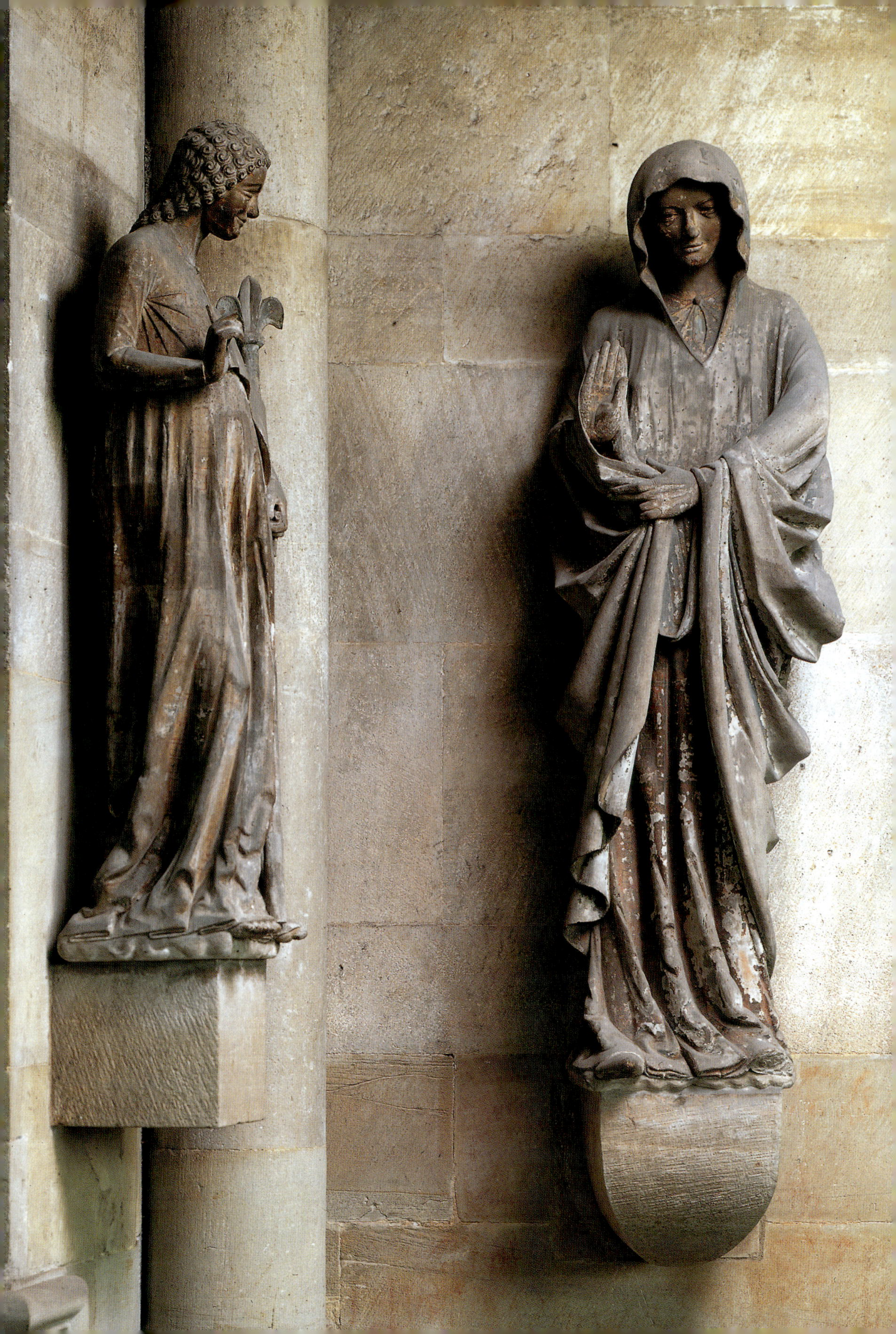

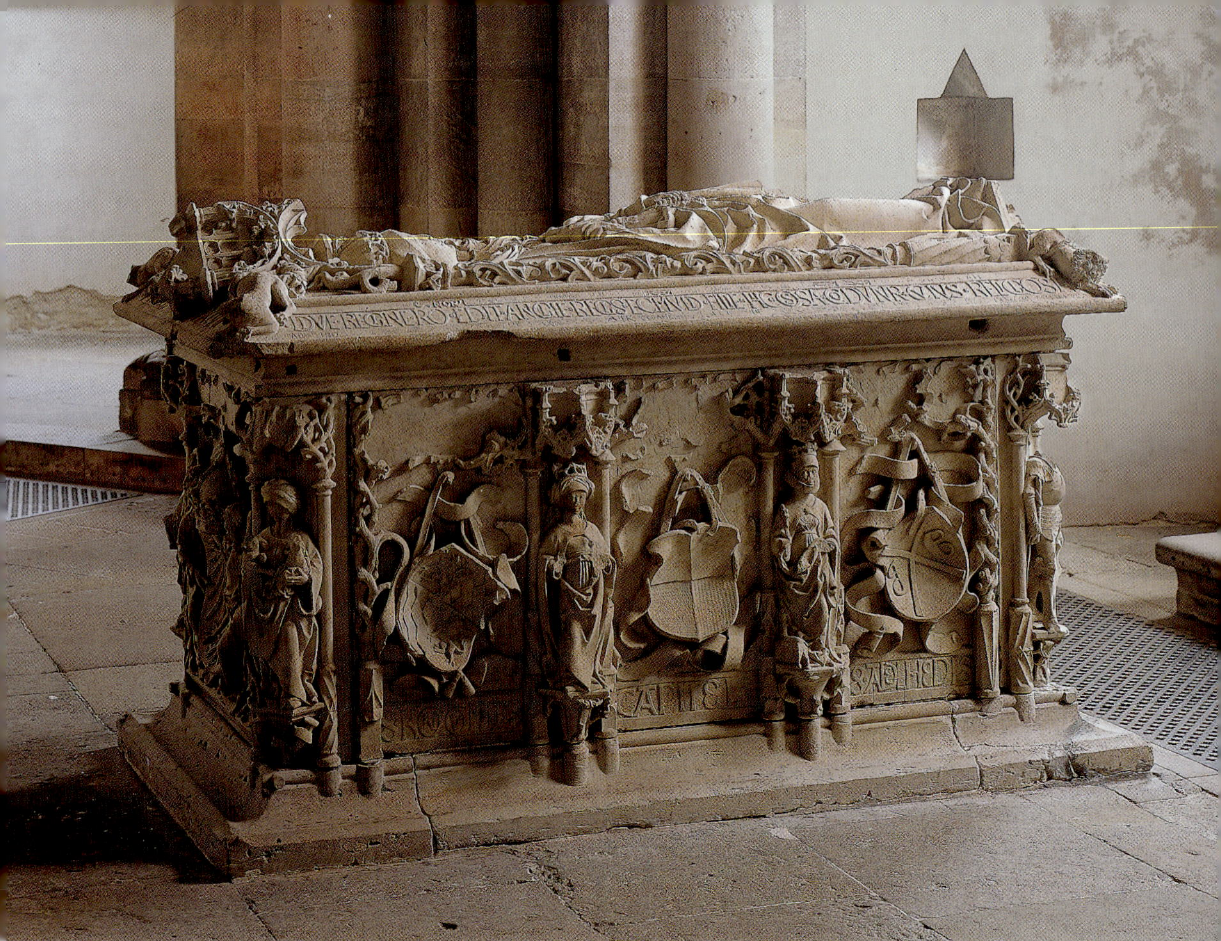

Sandsteinsarkophag der Königin Editha († 946), gestiftet 1510

aufwendig gestaltete Sandsteinsarkophag zeigt auf der Deckplatte eine Darstellung Edithas umrahmt von spätgotischem Astwerk und einer Umschrift, in der als Sterbejahr 947 genannt wird. An der Stirnseite prangt der Doppeladler des Heiligen Römischen Reiches, flankiert von Maria und Anna; gegenüber, zwischen Mauritius und Katharina, ist das Wappen des englischen Königshauses zu erkennen. An den Längsseiten sind die heilig gesprochenen Herrscherinnen Adelheid und Kunigunde sowie Elisabeth und Hedwig mit ihren Wappen zu sehen, in der Mitte jeweils die Wappen des Domkapitels und des Stifters Ernst von Sachsen. In diesem Sandsteinsarkophag wurden am 22. Oktober 2010 die sterblichen Überreste der Editha in einem neugeschaffenen Titansarg wieder beigesetzt, die bei einer amtlichen Öffnung in einem darin befindlichen Bleisarg entdeckt und wissenschaftlich unter-

sucht worden waren. Der Bleisarg von 1510 ist im Dommuseum Ottonianum ausgestellt.

In der ersten Bauphase des Domes entstanden, zählen die spätromanischen Kapitelle an den Pfeilern des Chorumgangs in ihrer für Deutschland einmaligen Vielfalt zum Großartigsten, was baugebundene Bildhauerkunst des Mittelalters hervorgebracht hat. In einer geradezu unübersehbaren Fülle quellen Blätter, Knospen, Ranken, Dämonen und Fabeltiere, Gesichter, Tiere und menschliche Gestalten aus dem Stein. In den dämonischen Figuren wirkt noch der alte Gedanke, mit ihnen böse Mächte, die den Raum und die Gläubigen bedrohen, abzuschrecken. Daneben stehen allegorische Figuren und biblische Motive, die dieser Welt entgegentreten. Es ist heute sehr schwierig, endgültige Aussagen über den Sinngehalt der einzelnen Darstellungen zu treffen. Die vielen Versetzungen inner-

   Sandsteinsarkophag der Königin Editha, Längsseite mit der hl. Adelheid und ihrem Wappen

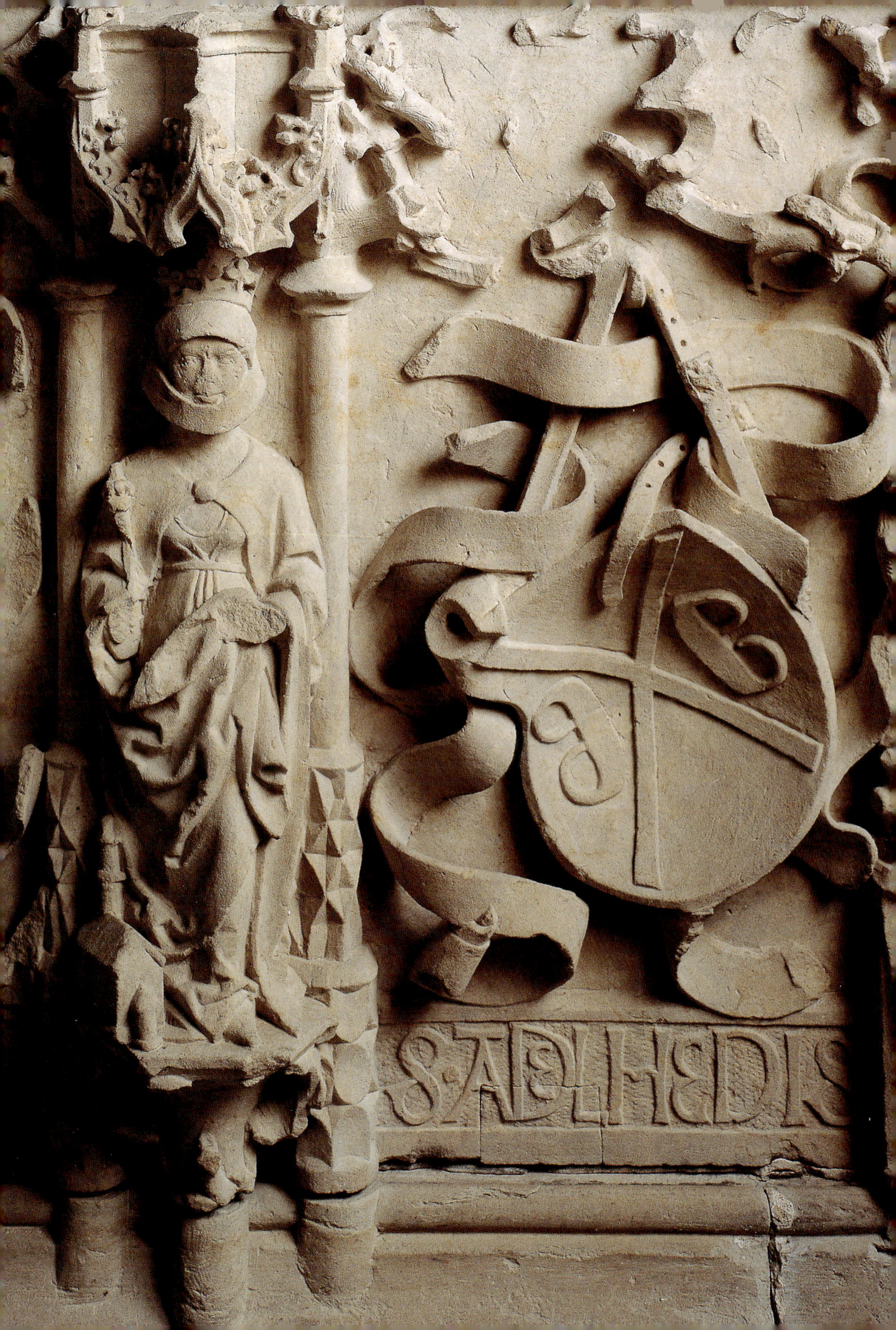

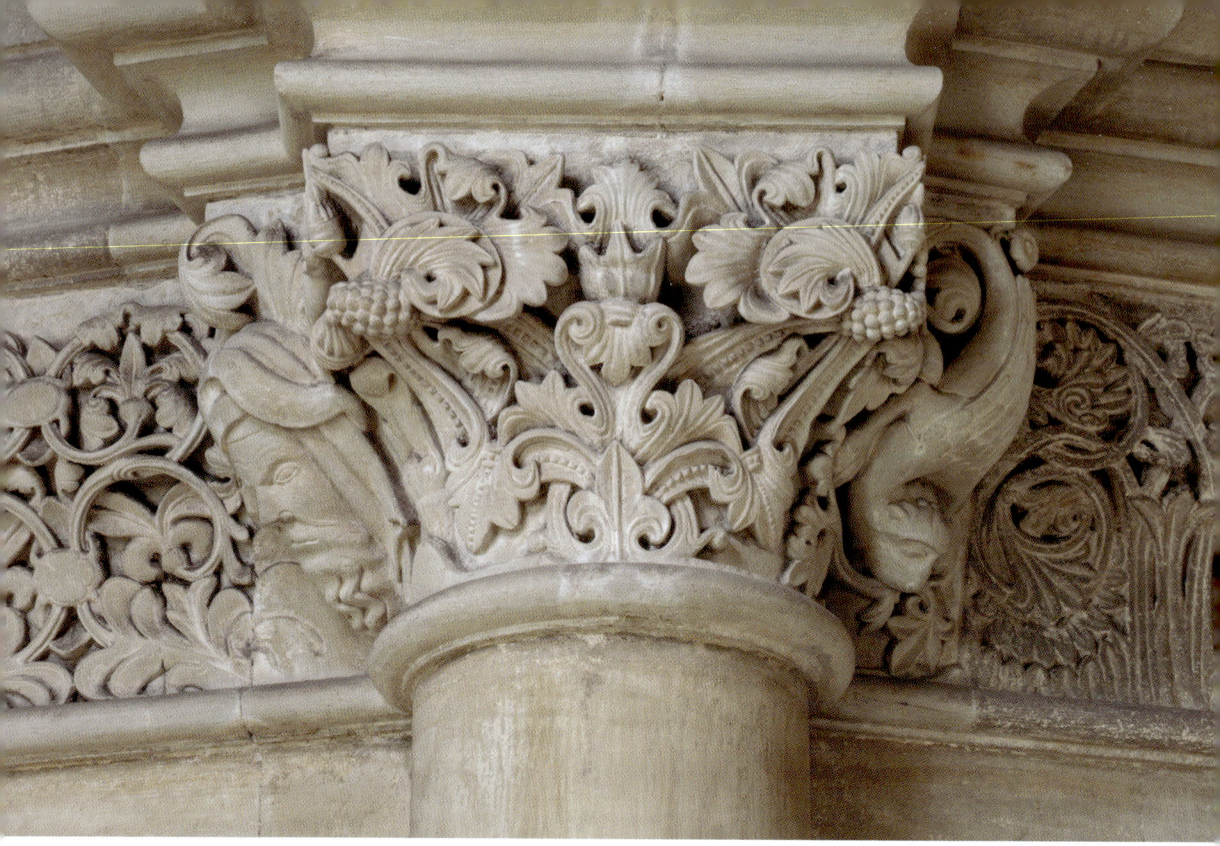

Spätromanisches Kapitell an einem Pfeiler des Chorumganges mit pflanzlichem und figürlichem Schmuck

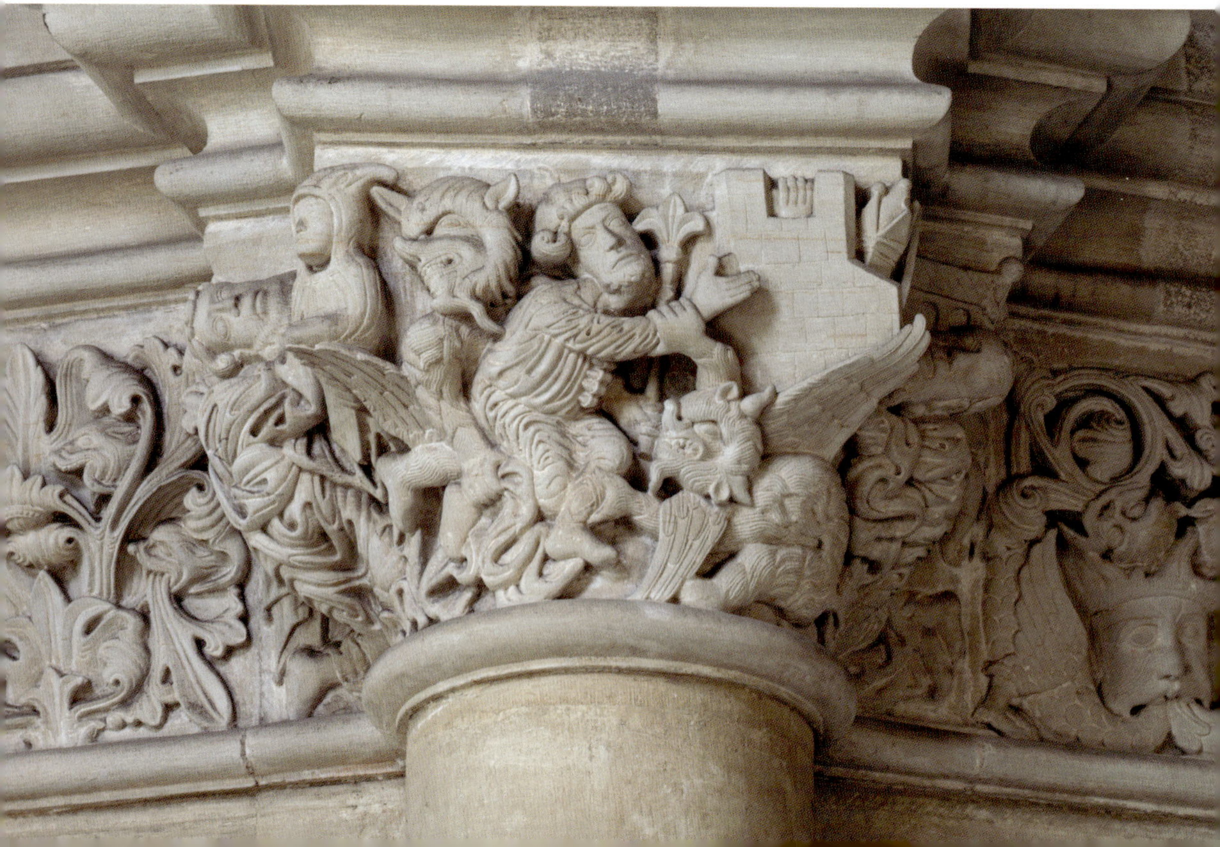

Spätromanisches Kapitell an einem Pfeiler des Chorumgang mit Belsazar und dem Menetekel

halb der Werkstücke und die verschiedenen Hände erschweren die Interpretation. Eine erste Gesamtdeutung von 1986 sieht in ihnen die Danielsgeschichte des Alten Testaments mit dem Frevel der Könige Nebukadnezar und Belsazar gegen das Volk Gottes und deutet sie auf die zeitgenössischen Auseinandersetzungen zwischen Kaisertum und Papsttum, als der Welfe Otto IV. in das Erzbistum einbrach, nachdem er zuvor von Erzbischof Albrecht gebannt worden war. Alle Kapitelle des Chorumgangs sind aus der Grundform des Kelchblocks gearbeitet, die schon den Übergang zur Gotik ankündigt. Dabei sind deutlich verschiedene Meister zu unterscheiden: Der Meister der breitlappigen Kapitelle entwickelt eine üppige Fülle in unerschöpflichen Variationen aus aufsteigenden und sich ausrollenden Blättern, die von einer einzigen Blüte zusammengehalten werden. Auch seine figürlichen Darstellungen sind von gedrängter Fülle und starker innerer Spannung und Unruhe, der gleichzeitig Mächtigkeit und Größe innewohnt. Zu ihnen gehören das Verkündigungs- und das Belsazarkapitell sowie das spannungsvolle Bildhauerporträt. Der Meister der Rankenkapitelle zeigt einen hochromanischen Stil von zarten Ranken, die fast immer mit figürlichen Darstellungen und Tiersymbolik verbunden sind. Er ist ein charakteristischer Menschenbildner, wobei die lebendige Darstellung bereits das ornamentale Denken zu sprengen beginnt wie in den Kapitellen über der Grabplatte Ottos von Hessen und den Figurenkapitellen am südlichen Abschlusspfeiler des Chorpolygons. Der Meister des Magdalenentympanons im südlichen Chorumgang nähert sich am weitesten dem romanisch-gotischen Übergangskapitell. Die Pflanzen sind naturalistischer und organischer geworden, die menschlichen Figuren und Gesichter zeigen ein fast klassisches Schönheitsideal wie im Kapitell neben dem nördlichen Aufgang zum Bischofsgang und im Magdalenentympanon, das den Auftakt zur gotischen Reliefkomposition angibt. Neben diesen großen Meistern sind noch weitere rheinische und französische Werkmeister zu unterscheiden. Vom Letzteren stammt das

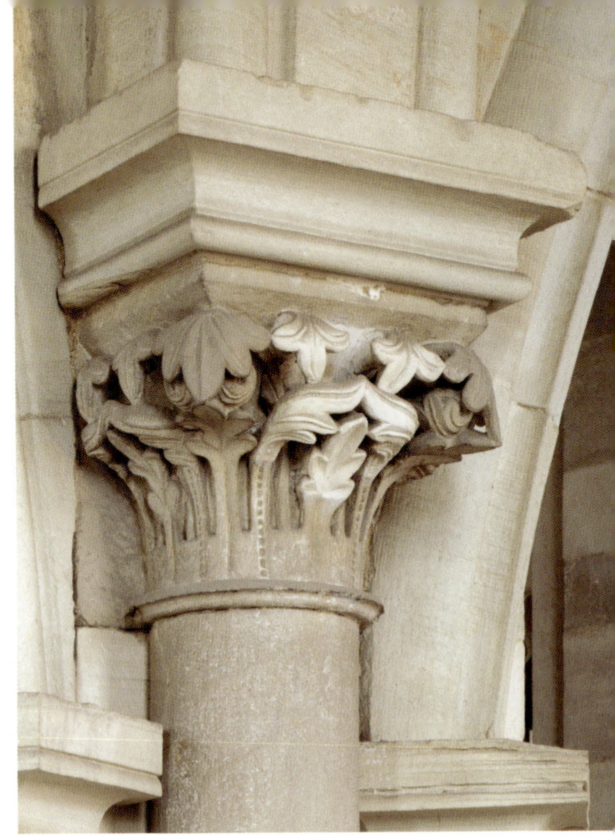

Frühgotisches Kapitell im Bischofsgang

Wolfskapitell im Chorumgang

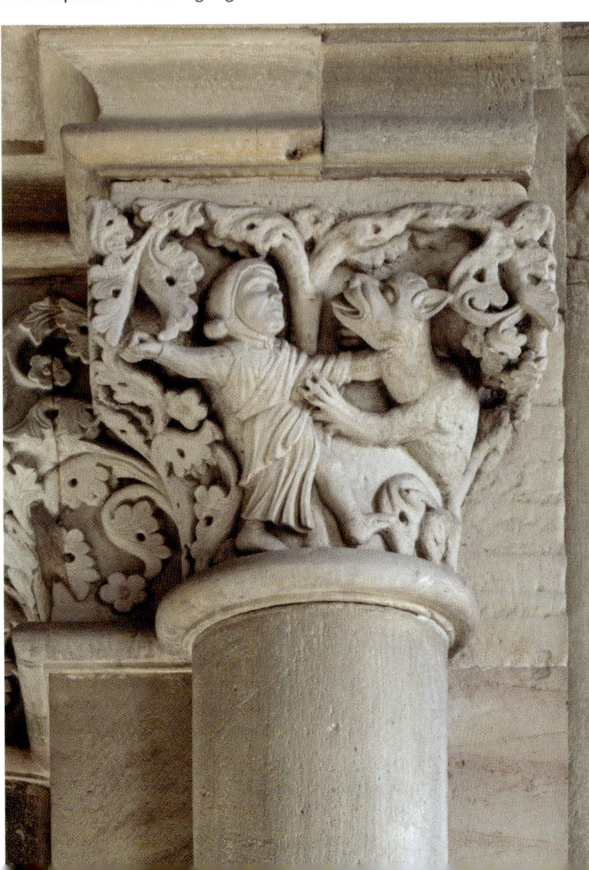

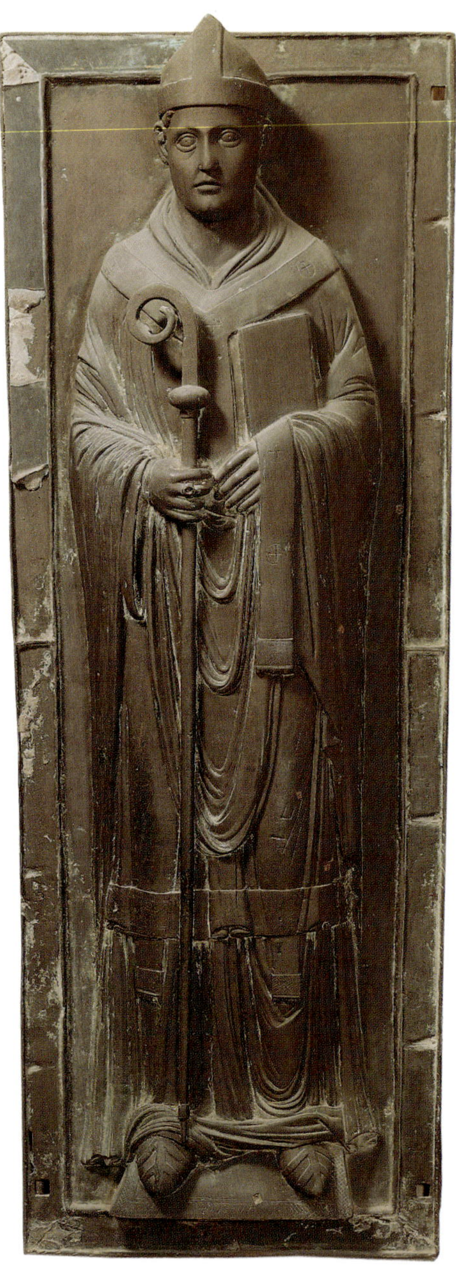

Bronzegrabplatte Erzbischof Wichmanns († 1192)

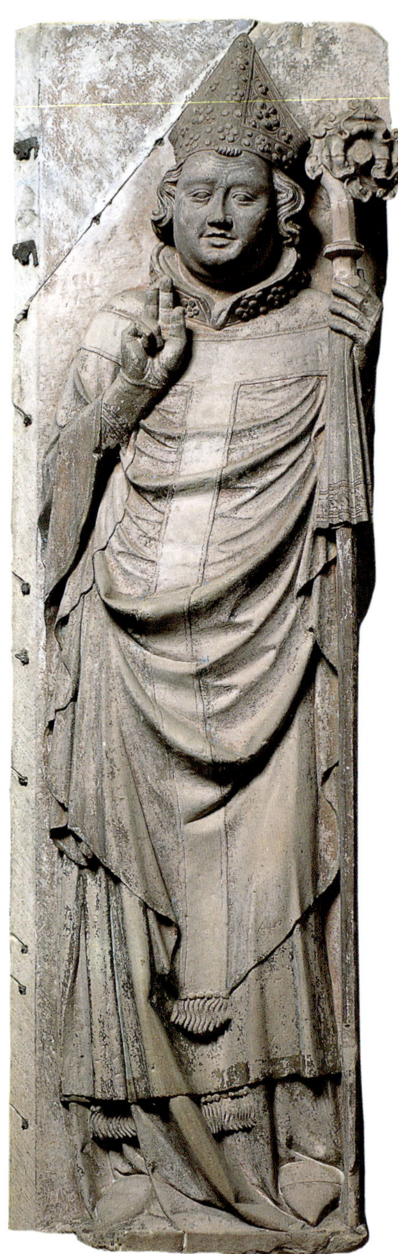

Grabmal für Erzbischof Otto von Hessen († 1361)

berühmte Wolfskapitell, in dem ein Mensch durch ein Dickicht geht und von einem Wolf angefallen wird – gedeutet als Abwehr Ottos IV. durch Erzbischof Albrecht. Vor ihm hat die Mystikerin Mechthild von Magdeburg ihre Bekehrung erlebt; das Wolfsmotiv hat über deren Hauptwerk »Das fließende Licht der Gottheit« bis in Dantes »Göttliche Komödie« nachgewirkt.

Die am südöstlichen Chorpfeiler angebrachte BRONZEGRABPLATTE FÜR ERZBISCHOF WICHMANN [64] ist im Vergleich zu der für Erz-

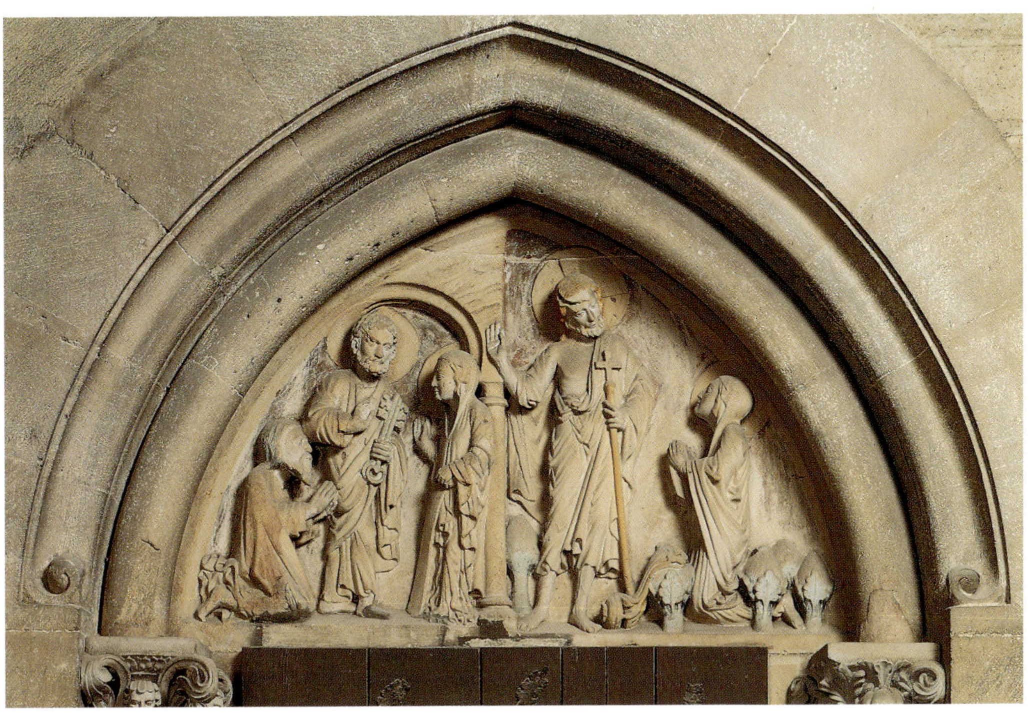

Das Tympanonrelief über der Tür zur Magdalenenkapelle zeigt Ostermotive: Der auferstandene Christus erscheint vor Maria Magdalena (rechts) und Maria Magdalena verkündet die Auferstehung den Jüngern (links).

bischof Friedrich wesentlich weicher und plastischer modelliert. Gewandfalten lockern die strenge Symmetrie und lassen die Gestalt lebendiger erscheinen. Beide Grabplatten, im Abstand von vier Jahrzehnten entstanden, legen Zeugnis ab von der Existenz einer leistungsfähigen Magdeburger Gießhütte von allerhöchstem Rang, in der nachweislich u. a. die an der Nowgoroder Sophienkathedrale eingebaute, ursprünglich für den Dom in Plock bestimmte Bronzetür und der große Erfurter Wolframleuchter gegossen wurden. Erzbischof Wichmann von Seeburg (1152–1192), Politiker von europäischem Rang, war ein Vertrauter Friedrich Barbarossas und vermittelte erfolgreich zwischen Kaiser und Papst. Er gilt als der eigentliche Begründer der erzstiftischen Landesherrschaft. 1188 ließ er das berühmte »Magdeburger Recht« schriftlich fixieren. Dieses fortschrittliche Stadtrecht verbreitete sich durch zahlreiche Neugründungen von Städten bis weit nach Osteuropa hinein.

Das BILDTYMPANON [65] über der Tür zur Magdalenenkapelle zeigt das Ostermotiv aus dem Johannesevangelium (Kap. 20): Der auferstandene Christus erscheint Maria Magdalena, und sie verkündet den Jüngern, hier repräsentiert durch Petrus mit dem Himmelsschlüssel, die Osterbotschaft. Die linke Bildhälfte ist bewusst doppeldeutig angelegt: Magdalena wendet sich dem anbetenden Stifter (Gebhard von Querfurt) zu, als habe sie gerade bei Petrus seinen Einlass in das Himmelreich erwirkt. Am südöstlichen Vierungspfeiler steht das aus rötlichem Sandstein gefertigte GRABMAL ERZBISCHOF OTTOS VON HESSEN (1327–1361) [66]. Er erreichte für die Magdeburger vom Papst die Lösung des Bannes, der wegen der Ermordung seines Vorgängers Burchard III. von Schraplau über die Stadt verhängt wurde. Am Sockel befindet sich sein Wappenschild mit dem hessischen Löwen.

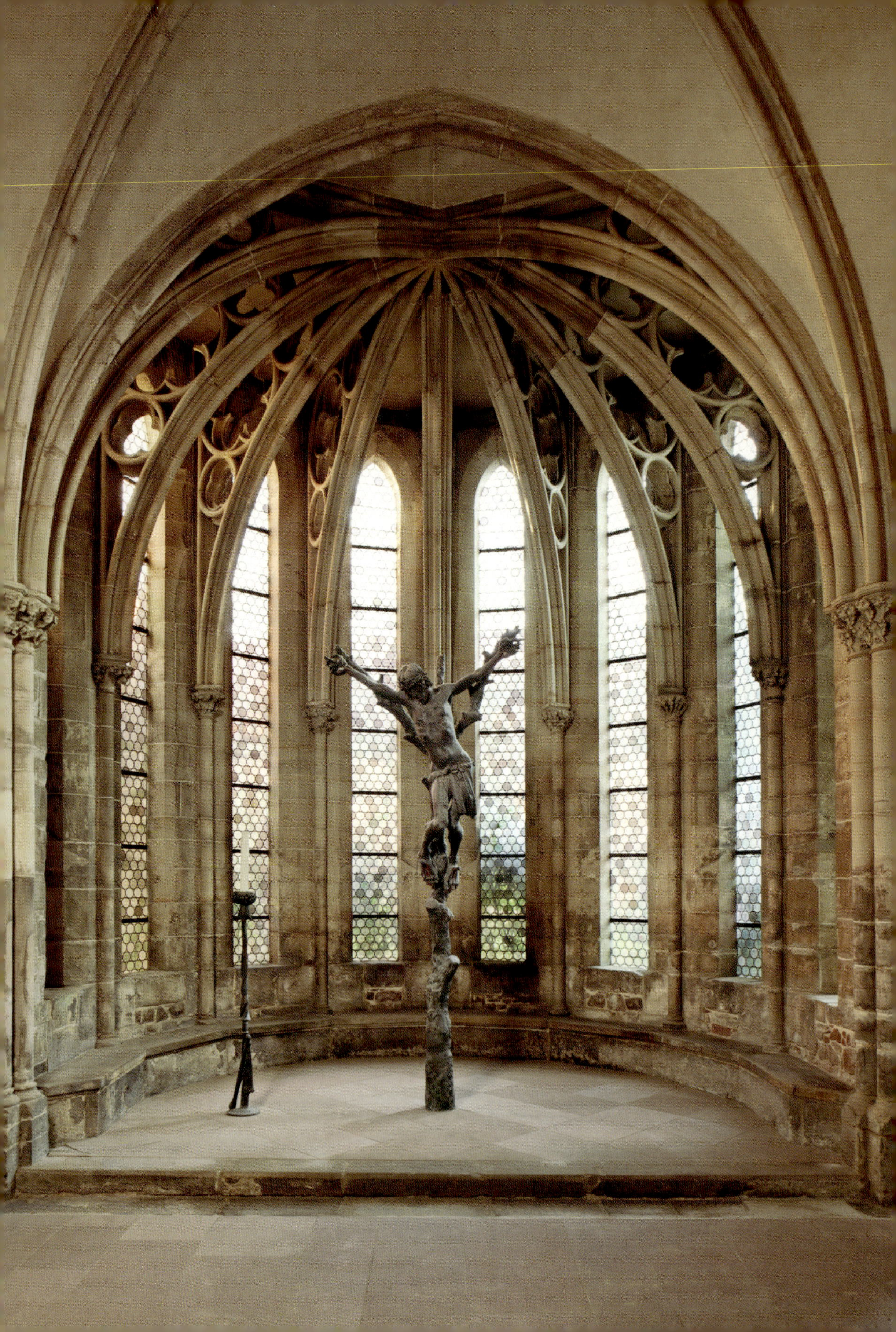

Der Kreuzgang

Durch das Portal im Südquerschiff gelangt man in den Kreuzgang des Domes. Hier empfängt uns die Welt der Klausur und Meditation des mittelalterlichen Domkapitels. Die vier Kreuzgangflügel weisen jeweils einen anderen Charakter auf: dunkel und schwer oder lichtdurchflutet und rhythmisch gegliedert, mit hellen oder roten Rippen und schönen Schlusssteinen im Westflügel. Die großen leeren Arkaden der West- und Nordseite waren ursprünglich wie auf der Ostseite auf Maßwerksfüllung angelegt. Direkt vor uns liegt die sogenannte TONSURKAPELLE [L] aus dem 13. Jahrhundert. Ob sie jemals einen Brunnen umschloss, ist nicht erforscht. Hier sammelten sich die Kanoniker und Scholaren, bevor sie hinter einem Vortragekreuz (daher Kreuzgang) zu den Stundengebeten in geordneter Reihe den Dom betraten. Interessant ist die Einwölbung der Kapelle: Aus einer Kapitellzone auf halber Höhe steigen Kreuzrippen empor, die durch Drei- und Fünfpassmaßwerke mit den Pfeilern und der Flachdecke verbunden sind. Die Grundrissform ist ein halbes Sechzehneck.

Das LEBENSBAUMKRUZIFIX [67] von Jürgen Weber (1986/88) in der Tonsurkapelle wurde am 16. Januar 1989 als Geschenk der Partnerstadt Braunschweig für den Dom übergeben. Der Korpus zeigt einen sterbenden Christus, der sich in Schmerzen windet. Durch die Handgelenke und Fußwurzeln sind Pflöcke getrieben, die Haut an den Wunden stark aufgerissen. Der Kopf ist gesenkt, der Mund vor Qual geöffnet. Die drastische Wirkung wird durch eine teilweise Bemalung (Blutspuren, Augenweiß) noch gesteigert. Der Körper hängt völlig frei und berührt das Baumkreuz nur mit den Händen und Füßen. Der Eichenstamm ist verdorrt, die Äste abgebrochen; doch unter den Füßen Jesu, an der Stelle, wo das Blut auf den Stamm auftrifft, ist ein neuer Zweig ausgeschlagen – Symbol des Lebens, das den Tod überwindet, der Opferbereitschaft, die Leben ermöglicht, und Andeutung der Auferstehung. Der Leuchter mit den Marterwerkzeugen (1968) stammt ebenfalls von Jürgen Weber.

Rechts neben der Kapelle führen Stufen zum DOMHOF [U], der Begräbnisstätte für die Mitglieder des Domkapitels und ihrer Angehörigen, eine Oase der Stille und Besinnung mitten im Lärm der Großstadt. Schlichter Rasen deckt die alten Gräber; ein alter Fliederbaum und vereinzelte Grabsteine lassen Raum für eigene Betrachtungen, aber auch für Gemeindefeste und sommerliche Musik- und Theateraufführungen. Die zu den ottonischen Spolien zählende GRANITSÄULE [68] in der Mitte des Gevierts trug früher unter der jetzigen Fiale eine steinerne Laterne, in der die Seelenleuchte brannte.

Vom Domhof aus fällt der Blick auf das mächtige Querhaus, das Langhaus und die Türme. Das noch in spätromanischer Zeit begonnene Querhaus ist mit der ursprünglich konzipierten Ostturmanlage verbunden. Im Untergeschoss des Südostturmes findet sich noch ein rein romanisches Fenster. Die Osttürme blieben unvollendet, das Querhaus wurde in früh- und hochgotischen Formen fortgesetzt. Das große Querhausfenster wurde im 14. Jahrhundert mit Maßwerk versehen. Der darüber befindliche Giebel verbirgt hinter seinem Schleiermaßwerk eine an die Kathedrale von Laon erinnernde Rosette. Dem Querhaus wurde wie auf der Nordseite, wo die Paradiesvorhalle entstanden ist, mit der Tonsur auch im Süden eine Kapelle vorgelagert. Am Scheitelpunkt der Galerie, die die Tonsurkapelle bekrönt, befindet sich eine nur noch schwer zu entziffernde SONNENUHR [69], die den Domherren Zeit und Stunde ansagte. Eine weitere Sonnenuhr mit Sommer- und Wintersonnenkreis befindet sich links unter dem großen Querschiffsfenster.

Auffällig ist die schlichte Gestaltung der südlichen Seitenschiffsgiebel, die auf der nördlichen Schauseite des Domes zur mittelalterlichen Stadt hin sehr prächtig dekoriert, hier aber, auf der Seite der Klausur und der Domherren, zurückhaltend gestaltet sind. Ursprünglich nur in Fachwerk errichtet, wurden sie im Zuge der großen Domrestaurierung 1825–1834 in Ziegelmauerwerk aufgeführt und mit einem gotischen Schleiermaßwerk verse-

Tonsurkapelle mit Lebensbaumkruzifix (1986/88) und Leuchter (1968) von Jürgen Weber

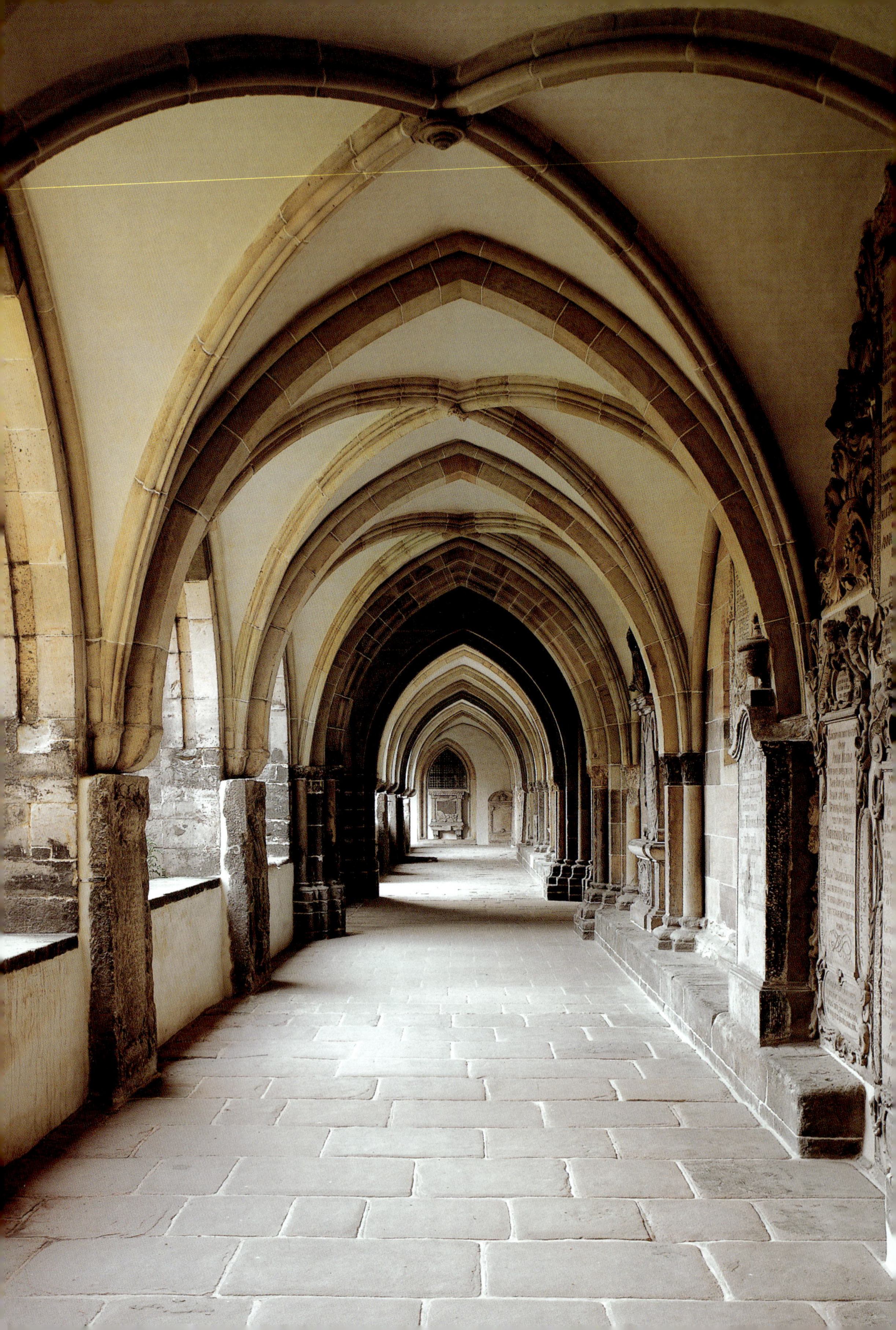

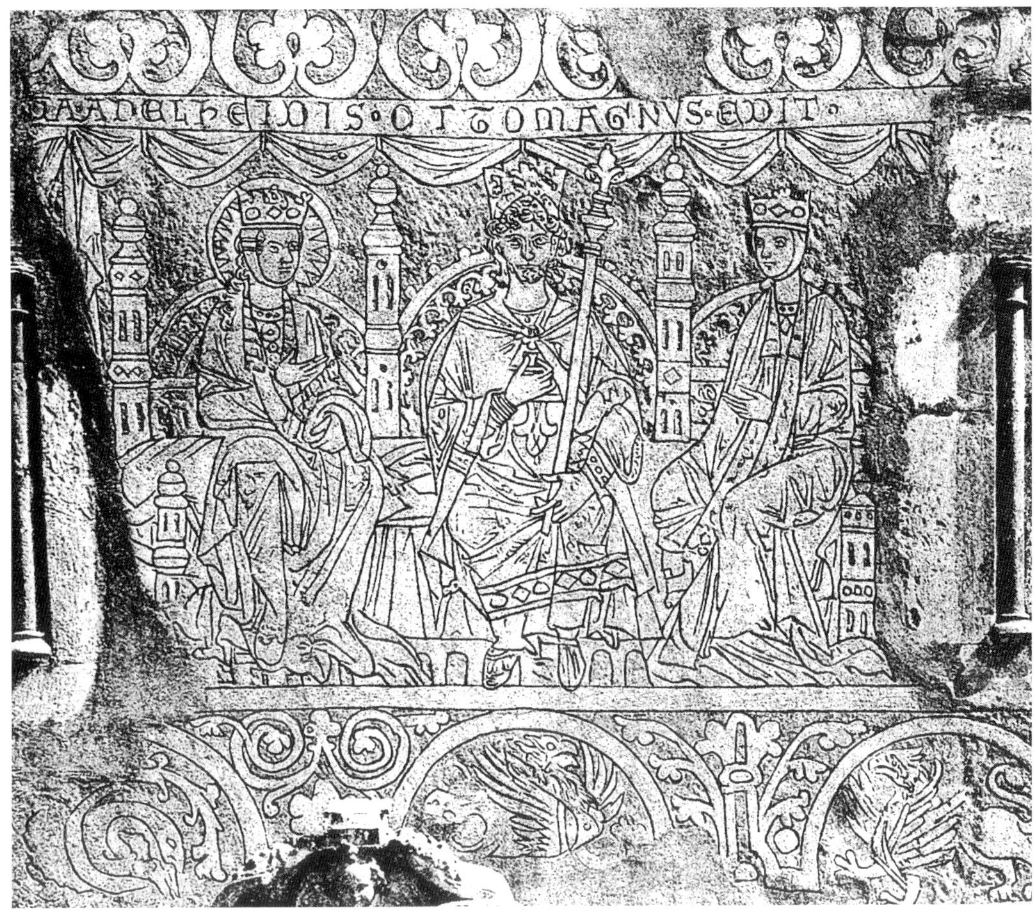

Otto I. mit seinen Gemahlinnen Adelheid und Editha, Putzritzung am Ostflügel des Domkreuzganges, Mitte des 13. Jahrhunderts, Aufnahme von 1891

hen. Der dem Dom gegenüberliegende Südflügel der Kreuzganganlage stammt noch aus dem Vorgängerbau und wurde um 1170 erbaut. Jede der die romanischen Rundbogenarkaden unterteilenden Säulen, soweit noch original, hat ein eigenes Muster, das sich nicht wiederholt. Alle anderen Kreuzgangteile wurden nach dem Brand von 1207 neu errichtet.

Das östliche Klausurgebäude weist in Höhe des zweiten Geschossbereichs teilweise erhaltene, nördlich der Alpen einmalige PUTZRITZUNGEN [70] aus dem 13. Jahrhundert auf. Das Zentralbild zeigt Kaiser Otto auf einem Thron sitzend, ein großes Zepter in der Hand, flankiert von seinen Gemahlinnen Editha (rechts) und Adelheid. In Dreiergruppen zwischen den Fenstern wurden die Bildnisse der Erzbischöfe bis einschließlich Burchard I. (1232–1235) eingeritzt, oben und unten jeweils von einem Fries eingefasst (heute unvollständig). In dem Gebäude befindet sich ebenerdig der Remter, in den oberen Etagen, wie auch im Südflügel, Einrichtungen des Kirchenamtes und das Büro der Bischöfin der Evangelischen Kirche Mitteldeutschlands.

Auf der gegenüberliegenden Kreuzgangseite stehen das PFARRHAUS [S] aus dem 19. Jahrhundert und die GROSSE SAKRISTEI [T] vom Anfang

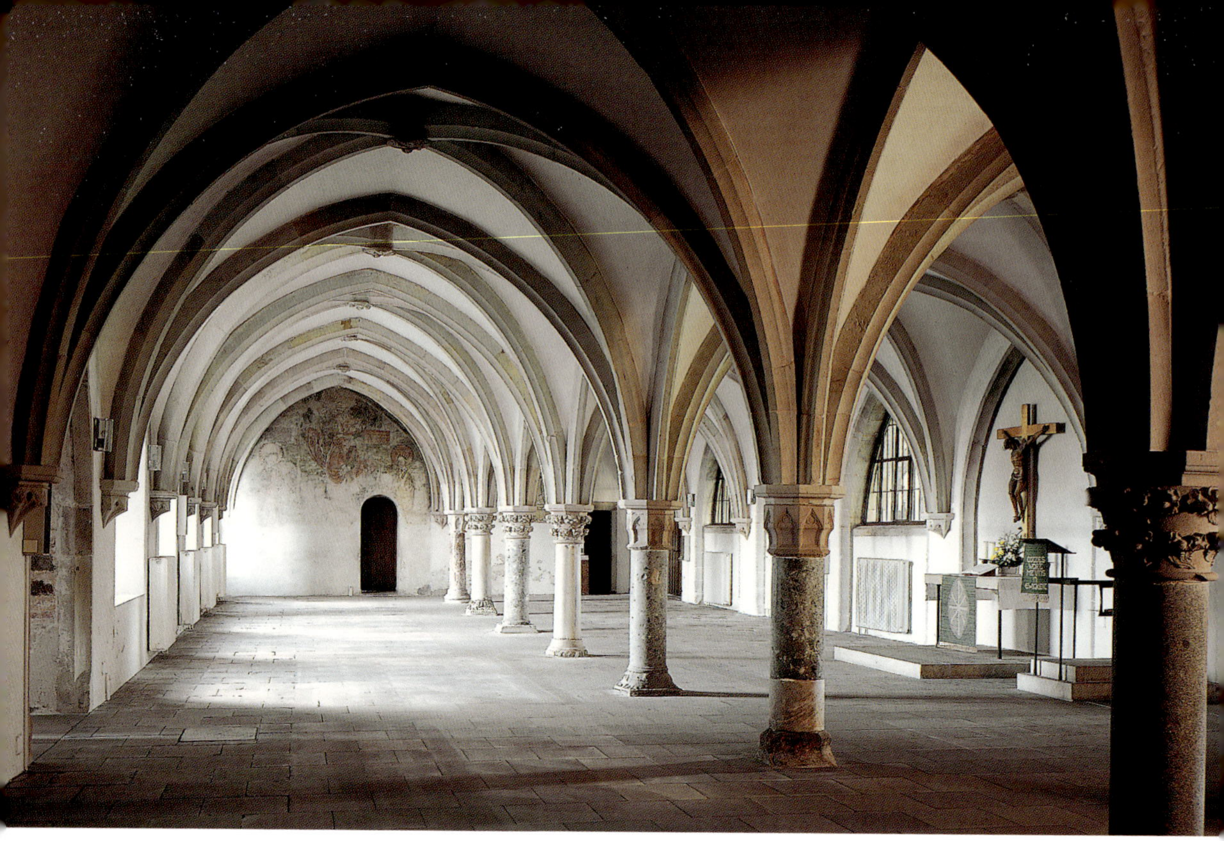

Blick in den Remter, dem ehemaligen Speisesaal aus dem 14. Jahrhundert. Die Säulenschäfte stammen aus dem Vorgängerdom.

des 14. Jahrhundert, als Cither ehemals Aufbewahrungsraum für liturgische Geräte und Gewänder. Der Grundriss des Kreuzganges bildet kein rechtwinkliges Viereck, da die Achsrichtung des heutigen Domes um 15 Grad von der des ottonischen abweicht.

Die Kreuzgänge beherbergen eine Vielzahl von Grabmalen aus unterschiedlichen Jahrhunderten. Einige sind aus dem Fußboden des Domes und des Remters herausgenommen und hier aufgestellt worden, z. B. das wohl älteste (10./11. Jahrhundert) mit einem stilisierten Vortragekreuz links neben dem Südquerhausportal, möglicherweise der GRABSTEIN DES ERSTEN MAGDEBURGER ERZBISCHOFS ADALBERT I. [71]. Da der Innenhof bald belegt war, wurden Beisetzungen auch im Fußboden der Kreuzgänge vorgenommen.

Der REMTER [N] (Refektorium, nicht öffentlich zugänglich) aus dem 14. Jahrhundert war der Speisesaal der Domherren und ist seit dem 15. Jahrhundert teilweise als Sepultur (Begräbnisraum) genutzt worden. Vor dem Zweiten Weltkrieg Dommuseum, dient er jetzt der Domgemeinde als Winterkirche, da der Dom nicht beheizt wird. Säulenschäfte aus dem ottonischen Dom teilen den zehnjochigen Raum in

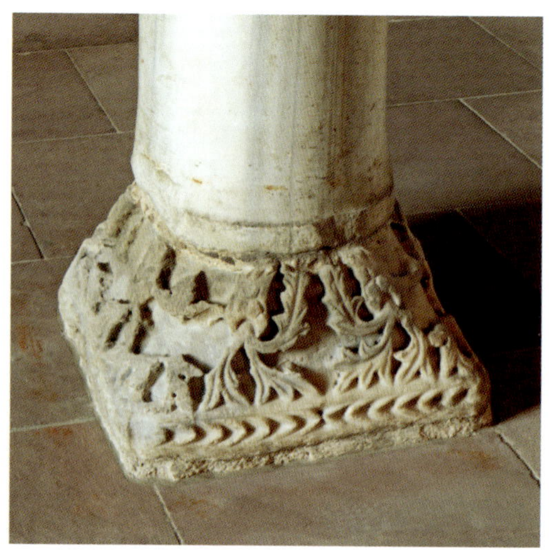

Spätantikes Kapitell als Säulenbasis im Remter

zwei Schiffe. Die zum Teil originalen byzantinisch-ravennatischen Kapitelle der Säulen sind hier als Säulenbasen verwendet worden.

An der südlichen Stirnwand des Raumes ist eine FRESKENMALEREI [72] aus der Zeit um 1500 zu sehen: der hl. Christophorus und zwei weibliche Heilige, evtl. Maria und Katharina.

In ein Joch der offenen Verbindung vom Remter zur Marienkapelle wurde 2011 die Orgel von Glatter-Götz mit einem beidseitigen Prospekt eingebaut. Die MARIENKAPELLE [0] wurde die nach einem Brand 1450 neu errichtet. Ihr spätgotisches Netzgewölbe hat prächtige Schlusssteine in originaler Farbgebung. Die Buntverglasung der Fenster wurde nach einem Entwurf des Kölner Künstlers W. Ritterbach 1946/47 von der Glasmalerei Ferdinand Müller in Quedlinburg gefertigt. Die Bilder zeigen das Evangelium von der Verkündigung der Geburt Christi bis zu den Anfängen der Apostelgeschichte. Das ALTARRETABEL [73] von 1506 zeigt in seinem Mittelbild den Dompatron Mauritius in prächtiger Rüstung sowie die Begegnung Marias mit Elisabeth. Der Stifter, Domherr Arnold v. Treskow, ist mit seinem Wappen links unten dargestellt. Auf den Seitentafeln sind Szenen aus der Nikolauslegende zu sehen. Drei marmorne ROMANISCHE RELIEFPLATTEN [74], die aus dem Dom stammen dürften, sind in die Nordwand eingemauert worden. Vermutlich waren sie Schmucktafeln eines Ambos (Evangeliumskanzel), der bei der Errichtung des Lettners 1450 weichen musste. Die Reliefs aus dem 12. Jahrhundert stellen einen Engel neben der Christusmandorla und die acht personifizierten Seligpreisungen aus der Bergpredigt dar. Die Köpfe sind entweder dem Bildersturm im 16. Jahrhundert oder der Zerstörungswut der napoleonischen Besatzungssoldaten zum Opfer gefallen.

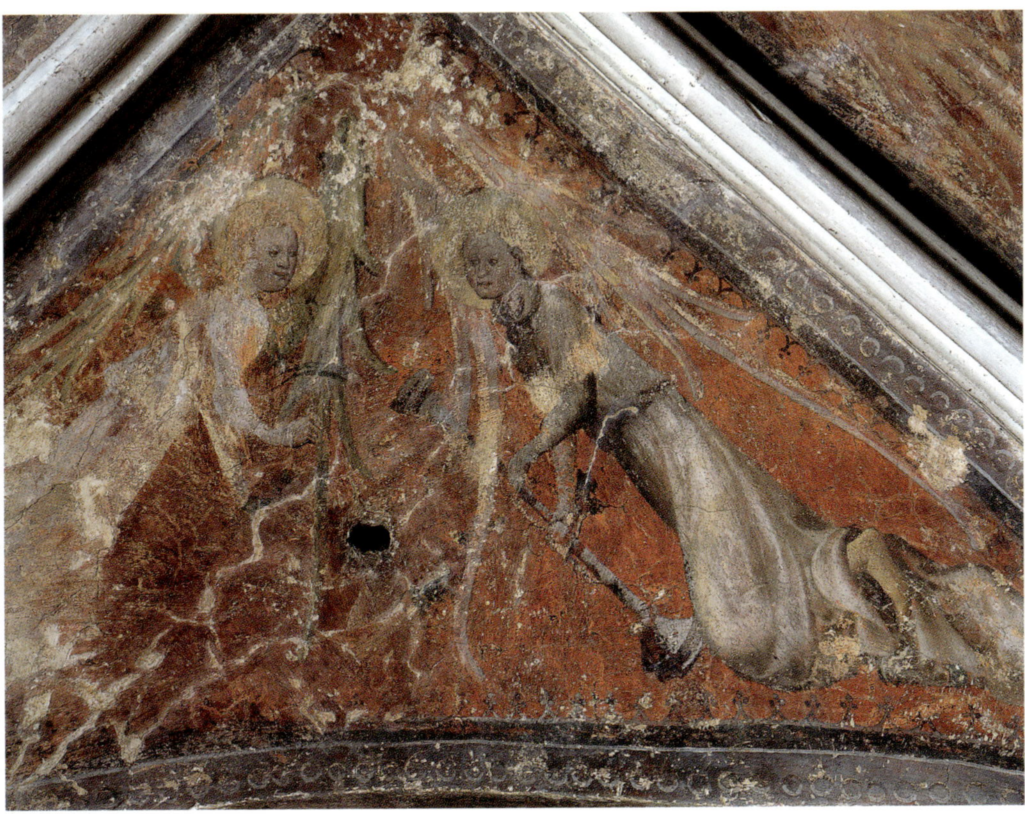

Gerichtsengel aus dem Jüngsten Gericht, spätgotisches Fresko in der Redekinkapelle

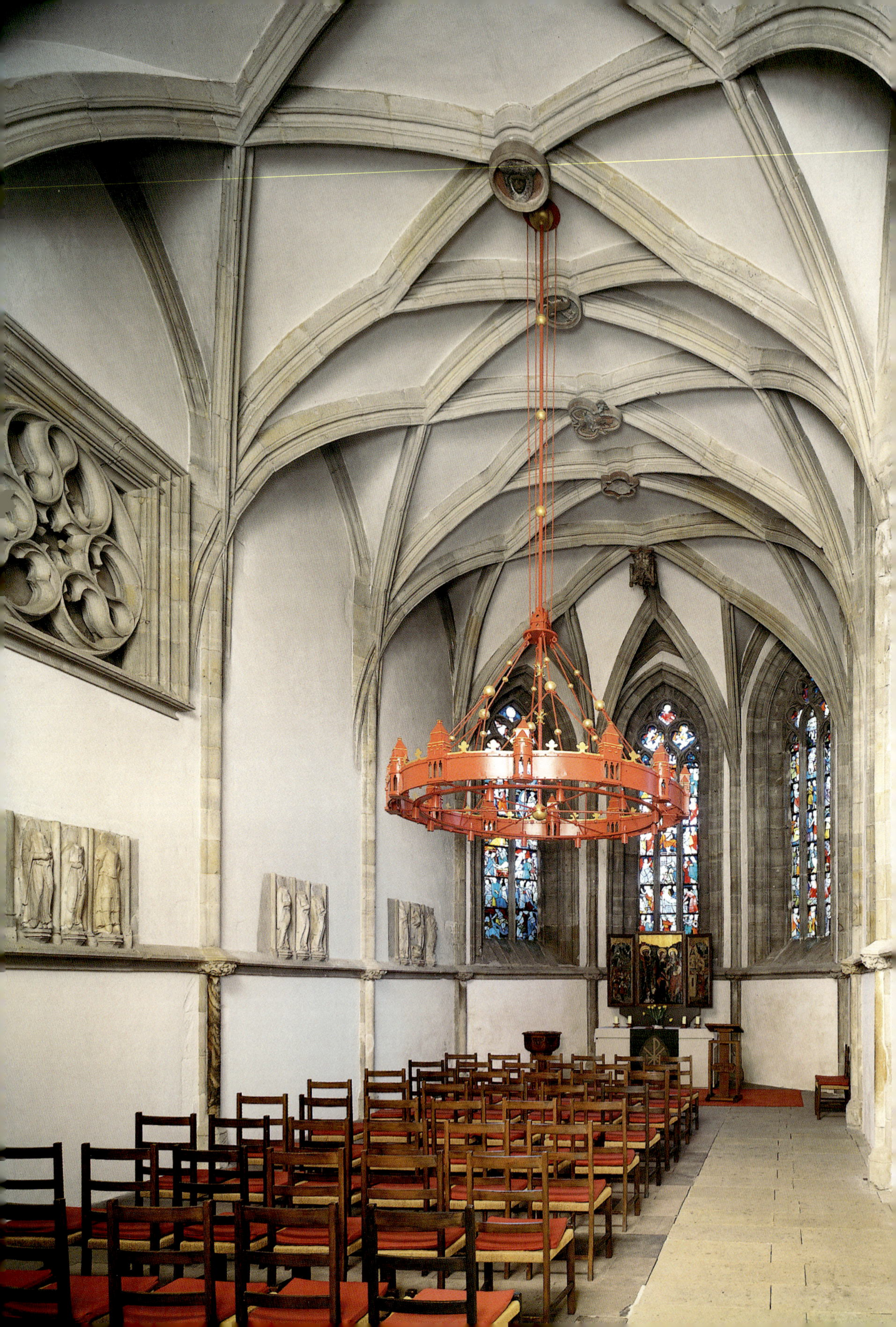

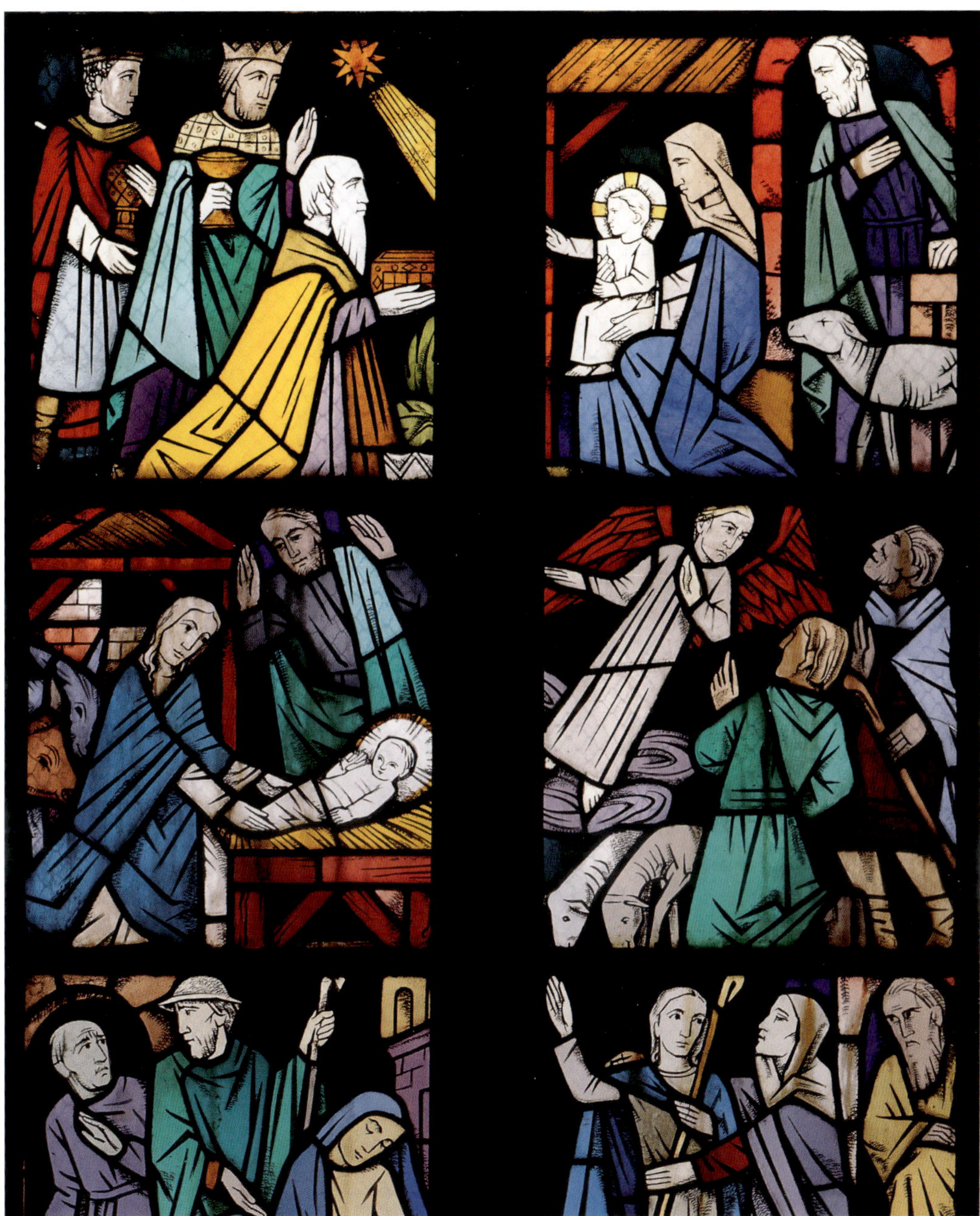

Detail aus einem Glasfenster der Marienkapelle mit Darstellungen des Weihnachtsgeschehens

Blick in die Marienkapelle mit spätgotischem Altarretabel. Die Glasbilder
der Fenster entstanden nach Entwürfen von W. Ritterbach 1946/47.
In die Nordwand sind Fragmente romanischer Reliefplatten eingefügt.

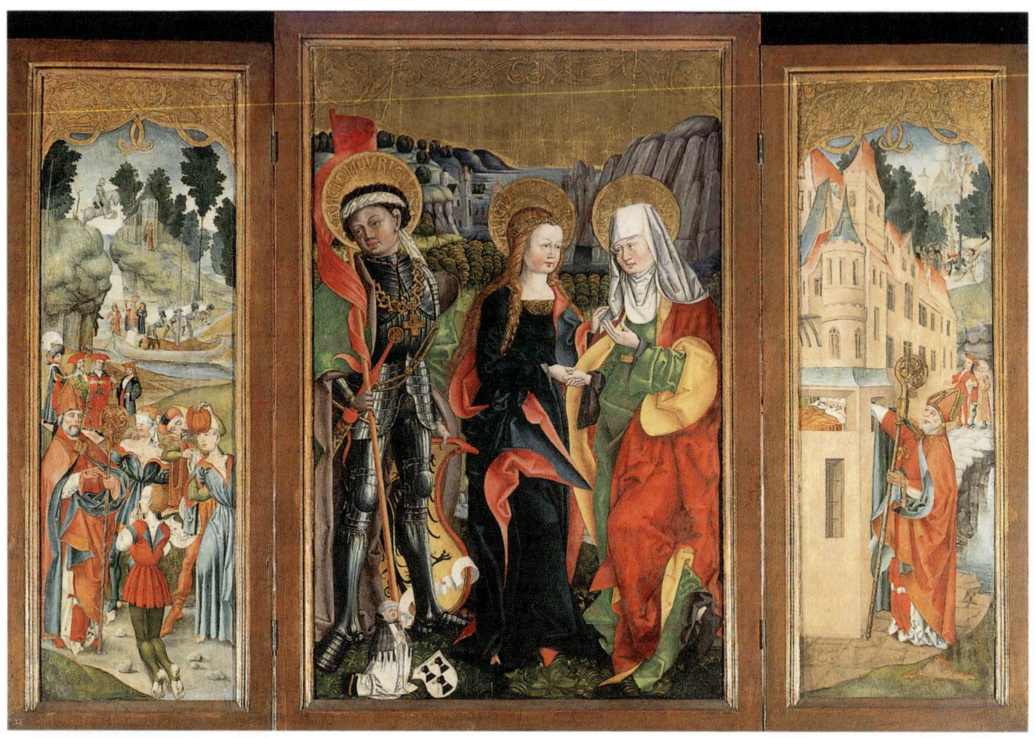

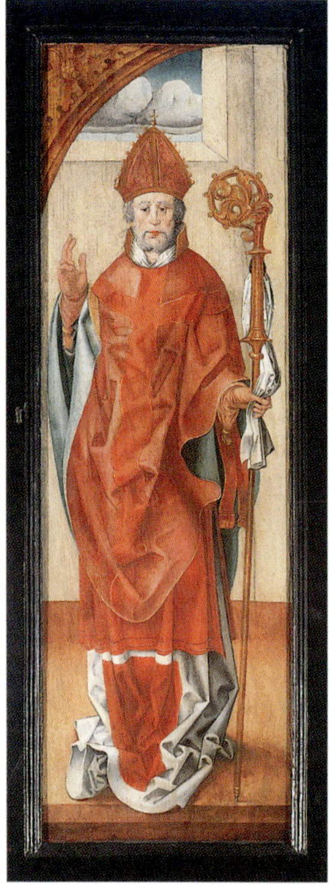

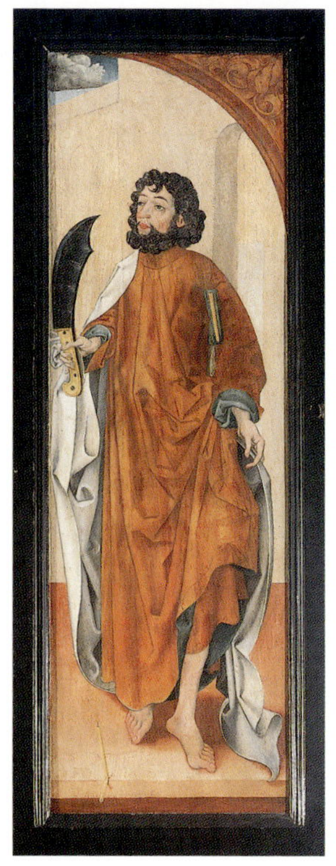

Spätgotischer Altaraufsatz in der Marienkapelle;
unten Rückseiten der Außentafeln:
Bischof Nikolaus und Apostel Bartholomäus

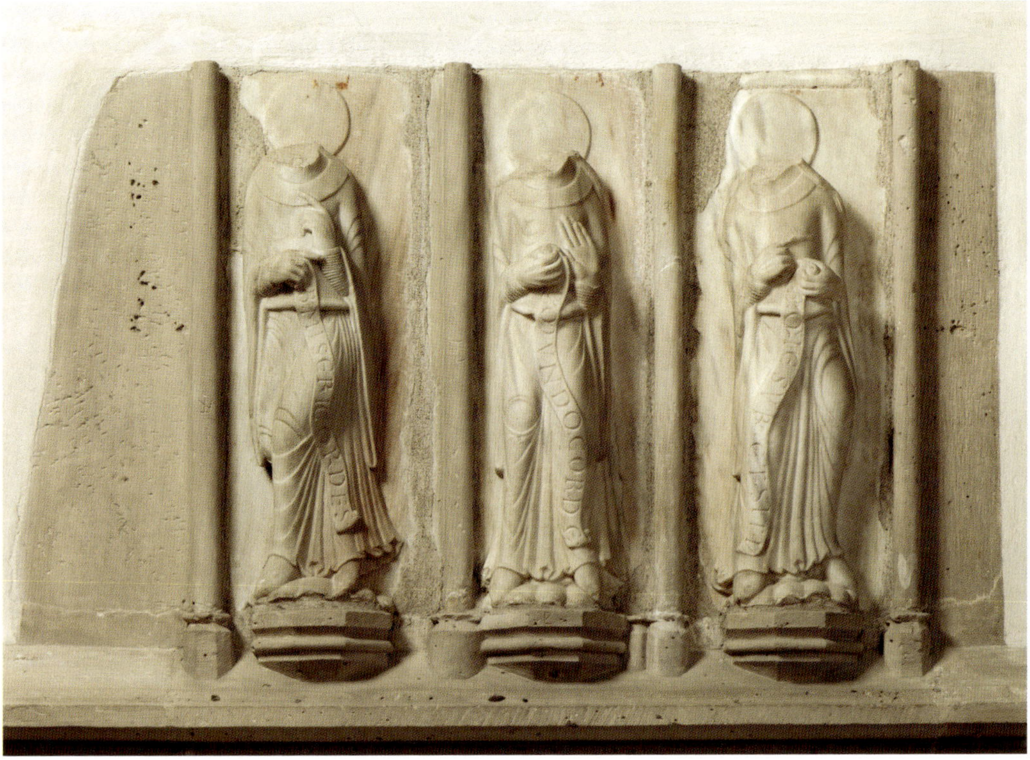

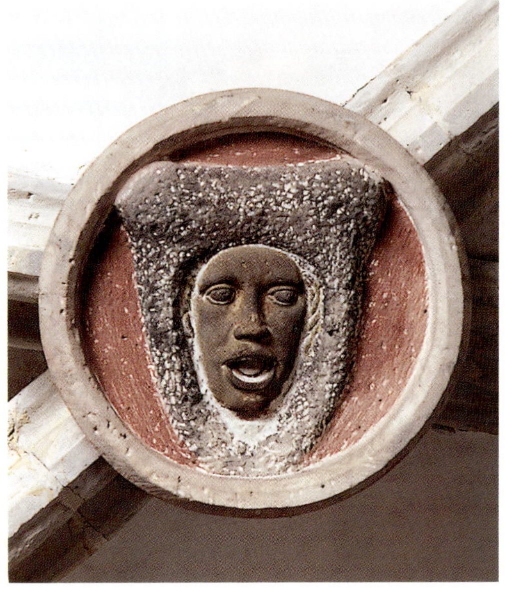

Romanische Reliefplatte aus dem 12. Jahrhundert an der Nordwand der Marienkapelle

Die Orgel im Remter des Domes wurde 2011 von der Firma Glatter-Götz Orgelbau aus Aach-Linz am Bodensee gefertigt; das ungewöhnliche Design entwarf der schottische Architekt Graham Tristam. Sie verfügt über zwei Prospekte und kann in genialer Weise den Remter und die benachbarte Marienkapelle musikalisch erreichen.

1405 wurde die kleine St. Severi und Allerseelen geweihte KAPELLE [P] von Dompropst Johannes v. Redekin gestiftet. Sie enthält Reste einer vollständigen Ausmalung mit Motiven des Jüngsten Gerichts. Der JERUSALEMLEUCHTER [75] stammt aus der Martinskirche in Bernburg. Dieser große Radleuchter (Durchmesser 2,80 m) aus dem Jahre 1887 stellt, wie vergleichbare ältere Leuchter auch, die Mauer des »Neuen Jerusalem« mit den 12 Toren dar (Offb. 21, 12–13).

Schlussstein in der Marienkapelle: Hl. Mauritius

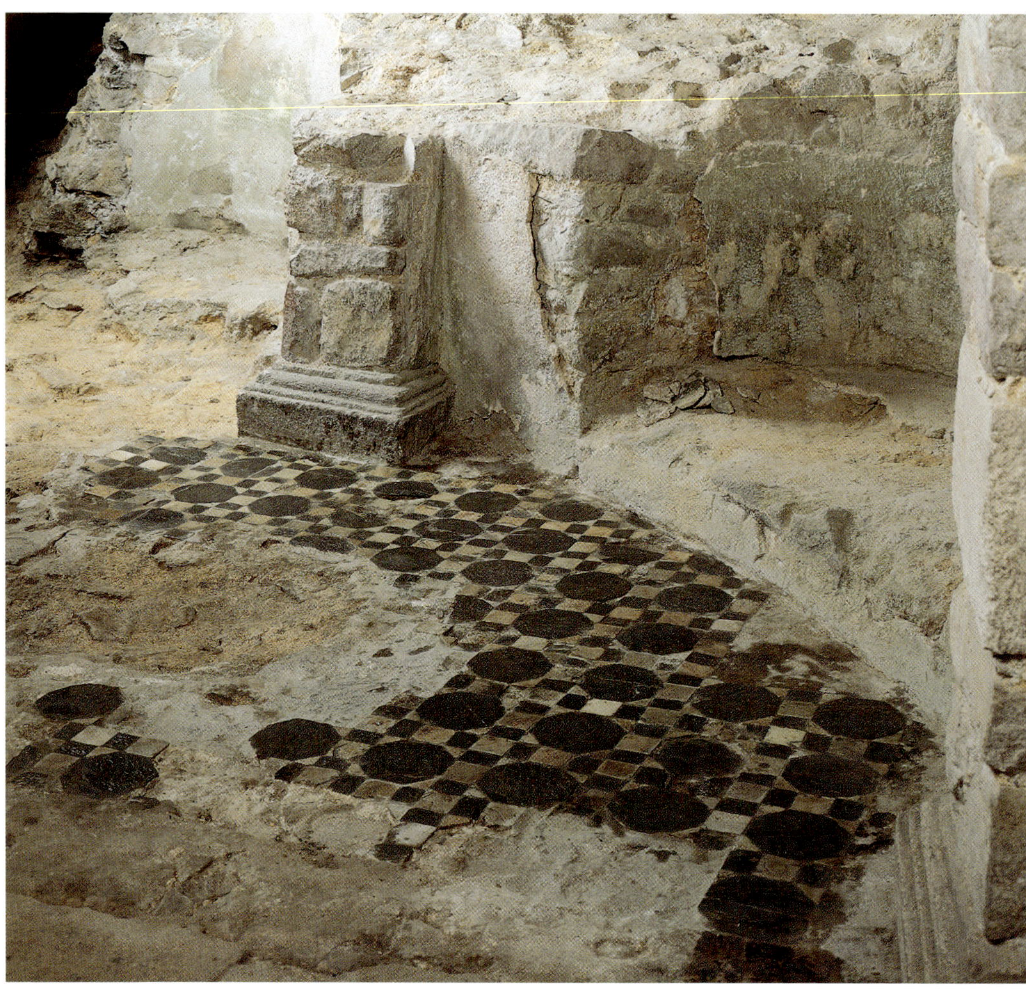

Reste eines ravennatischen Mosaikfußbodens in der Ostkrypta

Die Krypta

Die TREPPE [76] an der Nordostecke des Kreuzganges führt hinab zu den Mauerresten einer ehemaligen OSTKRYPTA [M] und den Fundamenten zum Südostturm des ottonischen Domes aus dem 10./11. Jahrhundert, die erst 1926 ausgegraben wurden. Die Rudimente eines Mosaikfußbodens, bestehend aus Marmor und Schiefer, stammen mit einiger Wahrscheinlichkeit aus Ravenna. Der Grundriss des ausgegrabenen Teiles der Krypta ist in der Pflasterung auf der Südostseite des Domes kenntlich gemacht worden.

An dieser Stelle hat der Besucher den ältesten sichtbaren Teil des Magdeburger Domes erreicht, der von der Zeit der Ottonen kündet. Tausend Jahre Geschichte des Domes und Geschichte Europas sind in den Steinen und Kunstwerken des Domes eingefangen. Glaube und Versagen liegen dabei dicht nebeneinander. Mögen die Menschen, die an diesem Ort beten und schauen, loben und klagen, immer wieder mit der einfachen Kraft des Glaubens ein Zeichen dafür setzen, dass Gott nicht nur in einem Haus aus Steinen wohnt, sondern in lebendigen Herzen und einem verantworteten Leben.

AUSGEWÄHLTE LITERATUR

Hanftmann, Bartel: Führer durch den
Magdeburger Dom, Magdeburg 1909

Hamann, Richard: Der Magdeburger Dom,
Berlin 1910

Greischel, Walter: Der Magdeburger Dom,
Berlin 1929

Giesau, Hermann: Der Dom zu Magdeburg,
Burg b. Magdeburg 1936

Mrusek, Hans-Joachim: Drei deutsche Dome,
Dresden 1963

Schubert, Ernst: Der Magdeburger Dom,
Leipzig 1974

Möbius, Helga: Der Dom zu Magdeburg,
Berlin 1976

Möbius, Friedrich u. Helga Sciurie: Symbolwerte
mittelalterlicher Kunst, Leipzig 1984

Fait, Joachim: Das Danielbuch in Stein,
Berlin 1986

Ullmann, Ernst (Hg): Der Magdeburger Dom:
ottonische Gründung und staufischer Neubau,
Leipzig 1989

Schubert, Ernst: Stätten sächsischer Kaiser,
Leipzig, Jena, Berlin 1990

Porstmann, Gisbert: Das Chorgestühl des
Magdeburger Domes, Berlin 1997

Sußmann, Michael: Der Dom zu Magdeburg,
Passau 1997

Ratzka, Thomas: Magdeburger Bildhauerei um
1600, Mahlow bei Berlin 1998

Brandl, Heiko: Die sechzehneckige Kapelle
im Dom zu Magdeburg, Magisterarbeit,
Halle/S. 1999

Asmus, Helmut u. Wille, Manfred: 1200 Jahre
Magdeburg, Magdeburg 2000

Otto der Große, Magdeburg und Europa,
Katalog zur Ausstellung, Mainz 2001

Krenzke, Hans-Joachim: Magdeburger Domsagen,
Fischerhude 2001

Michael, Hans: Das Chorgestühl im Magdeburger
Dom, Norderstedt 2002

Quast, Giselher / Pietsch, Jürgen Maria: Der Magdeburger Dom, Spröda 2005

Rogacki-Thiemann, Birte: Magdeburger Dom,
Beiträge zu seiner Baugeschichte 1207 bis 1567,
Petersberg 2007

Feller-Kniepmeier, Monika: Bildgeschichten im
Magdeburger Dom, Die figürlichen Kapitelle im
Chorumgang, München/Berlin 2009

Aufbruch in die Gotik, Katalog zur Ausstellung,
Mainz 2009

Brandl, Heiko: Die Skulpturen des 13. Jahrhunderts
im Magdeburger Dom, Petersberg 2009

Brandl, Heiko/Forster, Christian: Der Dom zu Magdeburg, Architektur und Ausstattung, 2 Bände,
Regensburg 2011

Meller / Schenkluhn (Hrsg.): Aufgedeckt. Ein neuer
ottonischer Kirchenbau am Magdeburger Domplatz, Halle (Saale) 2005

Elias, Anja: Die Wasserspeier am Dom zu Magdeburg, Göppingen 2009

Meller/Schenkluhn/Schmuhl (Hrsg.): Aufgedeckt II.
Forschungsgrabungen am Magdeburger Dom,
Halle (Saale) 2009

– ders.: Königin Editha und ihre Grablegen in
Magdeburg, Halle (Saale) 2012

Sußmann, Michael: Der mittelalterliche Lettner im
Dom zu Magdeburg, Wettin 2021

HINWEISE FÜR BESUCHER

Anschrift

Evangelische Domgemeinde
Am Dom 1
39104 Magdeburg

Tel. 0391/5410436
Internet: www.magdeburgerdom.de
E-Mail: info@magdeburgerdom.de

Gottesdienste

Sonntag und an kirchlichen Feiertagen 10 Uhr
(im Winter im geheizten Remter)

Öffnungszeiten des Domes

Täglich 10–16 Uhr, Sonntag und an kirchlichen
Feiertagen 11.30–16 Uhr, im Sommer bis 18 Uhr

Öffentliche Domführungen

Täglich 14 Uhr, Sonntag und an kirchlichen
Feiertagen zusätzlich 11.30 Uhr

Gruppenführungen

Nach Anmeldung im Dombüro

Turmführungen

April – Oktober, Freitag 16 Uhr, Samstag 15 Uhr,
Sonntag 12 Uhr

Nachtführungen

September – März, alle 14 Tage Freitag 22 Uhr

Konzerte und Veranstaltungen

Auskünfte im Dombüro und auf den Aushängen

Spendenkonto der evangelischen Domgemeinde

IBAN: DE69 3506 0190 1562 3080 20
BIC: GENODED1DKD

Spendenkonto Förderverein Dom zu Magdeburg e.V.

IBAN: DE33 8105 3272 0036 0053 51
BIC: NOLADE21MDG

Spendenkonto Domorgeln Magdeburg e.V.

IBAN: DE94 8109 3274 0001 3333 30
BIC: GENODEF1MD1

Spendenkonto Förderverein des Magdeburger Domchores e.V.

IBAN: DE13 8109 3274 0001 4352 80
BIC: GENODEF1MD1G

Spendenkonto Domglocken Magdeburg e.V.

IBAN: DE03 8107 0024 0144 2888 00
BIC: DEUTDEDBMAG

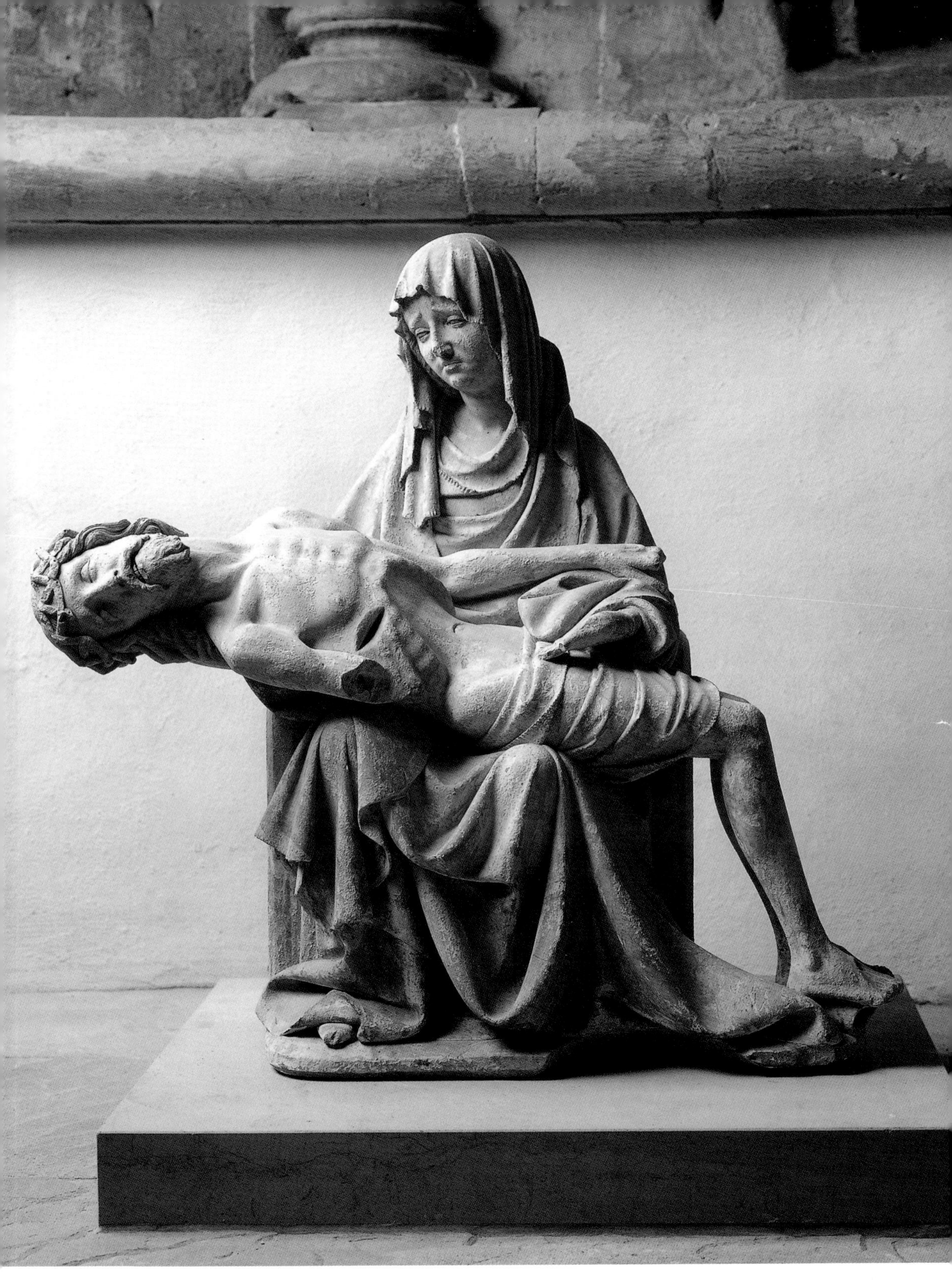

Pietà in der südlichen Chorumgangskapelle, um 1390

GRUNDRISS IN DER UMSCHLAGKLAPPE

A Westbau
B Turmhalle
C Mittelschiff
D Südliches Seitenschiff
E Nördliches Seitenschiff
F Südliches Querhaus
G Nördliches Querhaus
H Osttürme
I Hoher Chor (Ostbau)
J Paradiesvorhalle
K Sebastianskapelle
L Tonsurkapelle
M Krypta
N Remter
O Marienkapelle
P Kapelle St. Severi und Allerseelen
Q Domküsterei
R Evangelisches Landeskirchenamt
S Dompfarrhaus
T Große Sakristei
U Domhof

1 Westportal
2 Nordportal
3 Schäfergruppe
4 Barockportal
5 Kreuzgangportal
6 Augustapforte
7 Hl. Mauritius und hl. Katharina
8 Epitaph des Domherren Werner von Plotho
9 Gitter
10 Messingtumba für Ernst v. Sachsen
11 Siebenarmiger Leuchter
12 Hl. Mauritius
13 Kapitelle mit Tugend- und Lasterdarstellungen
14 Taufstein
15 Epitaph des Domherren Heinrich von Asseburg
16 Marmorbüste des Domschulrektors Gottfried Benedikt Funk
17 Epitaph des Obristen Ernst von Mandelsloh

18 Epitaph des Dompredigers Dr. Reinhard Bake
19 »Meeresrauschen«
20 Bronzeepitaph des Domherren Georg von Koppehel
21 Epitaph des Domherren Christian von Hopkorf
22 Sandsteinretabel mit Anna Selbdritt
23 Portal zur Wärmekammer
24 Holztafeln mit Paradiesdarstellungen
25 Heilige Sippe
26 Epitaph des Domherren Johann von Bothmar
27 Epitaph des Domherren Levin von der Schulenburg
28 Elisabethaltar
29 Heilig-Grab-Kapelle
30 Mondsichelmadonna
31 Renaissancekanzel
32 Epitaph des Domherren Ludwig von Lochow
33 Bronzegrabplatte des Domherren Ludwig von Lochow
34 Südwestlicher Vierungspfeiler mit Ablasskasten, »Blauer Tafel«, Gedenktafel und Baumeisterkonsole
35 Katharinenaltar
36 Lettner
37 Südportal
38 Bronzeepitaph des Domherren Cuno von Lochow
39 Marienkrönung
40 Fenster zur Magdalenenkapelle
41 Wundertätige Madonna
42 Marmormadonna
43 Magdeburger Mal
44 Unterkieferknochen eines Wales
45 Alabasterepitaph für den Domherren Wichard von Bredow

46 Sandsteingrabplatte des Erzbischof Albrecht von Querfurt
47 Chororgel
48 Die Klugen und Törichten Jungfrauen
49 Ecclesia
50 Synagoge
51 Tympanon Paradiesportal
52 Chorgestühl
53 Kaisersarkophag Ottos I.
54 antike Säulenschäfte
55 Hl. Mauritius
56 Hl. Katharina
57 Osterleuchter
58 Hochaltar
59 Märtyrerskulpturen im Hohen Chor v.l.n.r: Apostel Andreas, Paulus und Petrus, Johannes der Täufer, hll. Mauritius und Innocentius
60 Schlusstein des Gewölbes
61 Bronzegrabplatte des Erzbischofs Friedrich von Wettin
62 Verkündigungsgruppe
63 Grabmahl von Editha
64 Bronzegrabplatte für Erzbischof Wichmann
65 Bildtympanon
66 Grabmahl Erzbischofs Otto von Hessen
67 Lebensbaumkruzifix
68 Granitsäule
69 Sonnenuhr
70 Putzritzungen
71 Grabstein Erzbischofs Adalbert I.
72 Freskenmalerei
73 Marienaltar
74 Romanische Reliefplatten
75 Jerusalemleuchter
76 Zugang zur Krypta
77 WC-Anlage im Kreuzgang (Behindertenzugang bei 5)